新时代智库出版的领跑者

国家智库报告 2022（8）
National Think Tank
经济

中国工业经济运行分析年度报告（2021-2022）

中国社会科学院工业经济研究所工业经济形势分析课题组 著

CHINA'S INDUSTRIAL ECONOMIC SITUATION AND PROSPECTS IN 2021-2022

中国社会科学出版社

图书在版编目(CIP)数据

中国工业经济运行分析年度报告.2021—2022 / 中国社会科学院工业经济研究所工业经济形势分析课题组著.—北京：中国社会科学出版社，2022.5
(国家智库报告)
ISBN 978-7-5203-9956-2

Ⅰ.①中… Ⅱ.①中… Ⅲ.①工业经济—经济分析—研究报告—中国—2021—2022 Ⅳ.①F424

中国版本图书馆 CIP 数据核字 (2022) 第 050871 号

出 版 人	赵剑英
项目统筹	王 茵　喻 苗
责任编辑	刘凯琳　党旺旺
责任校对	季 静
责任印制	李寡寡

出　　版	中国社会科学出版社
社　　址	北京鼓楼西大街甲 158 号
邮　　编	100720
网　　址	http://www.csspw.cn
发 行 部	010-84083685
门 市 部	010-84029450
经　　销	新华书店及其他书店
印刷装订	北京君升印刷有限公司
版　　次	2022 年 5 月第 1 版
印　　次	2022 年 5 月第 1 次印刷
开　　本	787×1092　1/16
印　　张	6
插　　页	2
字　　数	60 千字
定　　价	39.00 元

凡购买中国社会科学出版社图书，如有质量问题请与本社营销中心联系调换
电话：010-84083683
版权所有　侵权必究

主　　编：史　丹
副 主 编：张其仔
编　　委：白　玫　　邓　洲　　郭朝先　　贺　俊
　　　　　江飞涛　　李鹏飞　　李晓华　　刘戒骄
　　　　　王燕梅　　王秀丽　　肖红军　　杨丹辉
　　　　　叶振宇　　张航燕　　张金昌　　张艳芳
　　　　　朱　彤　　李　钢
执 笔 人：张航燕　　江飞涛　　李丽珍

摘要：2021年受疫情、汛情及能耗双控政策等多因素影响，工业生产增速有所回落，但是装备和高技术制造业引领作用突出，工业升级态势明显。当前工业经济恢复仍然不稳固、不均衡，行业、区域和企业之间的结构性分化仍在延续，原材料价格大幅上涨对下游行业特别是中小企业的成本冲击持续显现，出口或将高位回调。2022年中国工业经济将承压前行，仍须在求"稳"的同时，适时适度地以求"进"解决中国工业的结构性问题，实现工业经济高质量发展。

关键词：工业经济；成本冲击；承压前行

Abstract: Abstract in 2021, due to multiple factors such as epidemic disease, flood situation and dual control policy on energy consumption, the growth rate of industrial production slowed down, but the equipment and high-tech manufacturing industry played a prominent leading role, and the industrial upgrading trend was obvious. At present, the industrial economic recovery is still unstable and unbalanced, and the structural differentiation among industries, regions and enterprises is still continuing. The cost impact of the sharp rise in raw material prices on downstream industries, especially the small and medium-sized enterprises, continues to show, and exports are facing a high level of correction. In 2022, China's industrial economy will move forward under pressure. It is still necessary to "go ahead" in a timely and appropriate manner to solve the structural problems of China's industry and achieve high-quality development of the industrial economy.

Key Words: Industrial economy; cost impact; moving forward under pressure

目 录

一 工业运行总体情况 ………………………… （1）
 （一）运行特征 ………………………………… （1）
 （二）突出问题 ………………………………… （11）

二 工业运行行业分析 ………………………… （15）
 （一）原材料工业 ……………………………… （15）
 （二）装备工业 ………………………………… （30）
 （三）消费品工业 ……………………………… （36）

三 工业经济增长预测 ………………………… （43）
 （一）国内外经济环境分析 …………………… （43）
 （二）2022年工业增速预测 …………………… （73）

四 推动工业稳中求进的政策建议 ………… （81）
 （一）细化落实各项政策，保持工业经济
   稳步增长 ………………………………… （81）

（二）深化供给侧结构性改革，推动工业
　　　经济高质量发展 …………………（83）
（三）完善工业发展环境，助力工业经济
　　　速度与质量并进 …………………（85）

参考文献 ……………………………………（87）

一 工业运行总体情况

（一）运行特征

1. 工业生产稳定恢复，工业生产增速前高后低

2021年，全国规模以上工业增加值比上年增长9.6%，增速较2020年加快6.8个百分点；两年平均增长6.1%，增速与疫情前水平相当。由于受疫情、汛情及能耗双控政策、基数等因素综合影响，工业生产同比增速呈现前高后低态势。全年工业生产增速较第一季度、上半年和前三季度分别回落13.9个、5.3个和2.2个百分点。分门类看，2021年，采矿业、制造业以及电力、热力、燃气及水生产和供应业增加值较上年分别增长5.3%、9.8%、11.4%，均实现较快增长；从两年平均看，采矿业、制造业以及电力、热力、燃气及水生产和供应业增加值分别增长2.9%、6.6%、6.6%。2021年，工业41个大类行业中，6个行业增加值较2019年增长，增长面达87.8%；在统计的612种工业产品中，409种产品产量较2019年增长，占66.8%。2021年，全国工业产能利用率为77.5%，较2020年上升3.0个百分点，较2019年提高0.9个百分点，为近年来的最高水平。分三大门类看，2021年，采矿业产能利用率为76.2%，比上年上升4.0个百分点；制造业产能利用率为77.8%，上升2.9个百分点；电力、热力、燃气及水生产供应业产能利用率为75.0%，上升3.5个百分点。分行业看，化纤、石油加工、通用设备、电气机械等行业产能利用率均达80%以上。

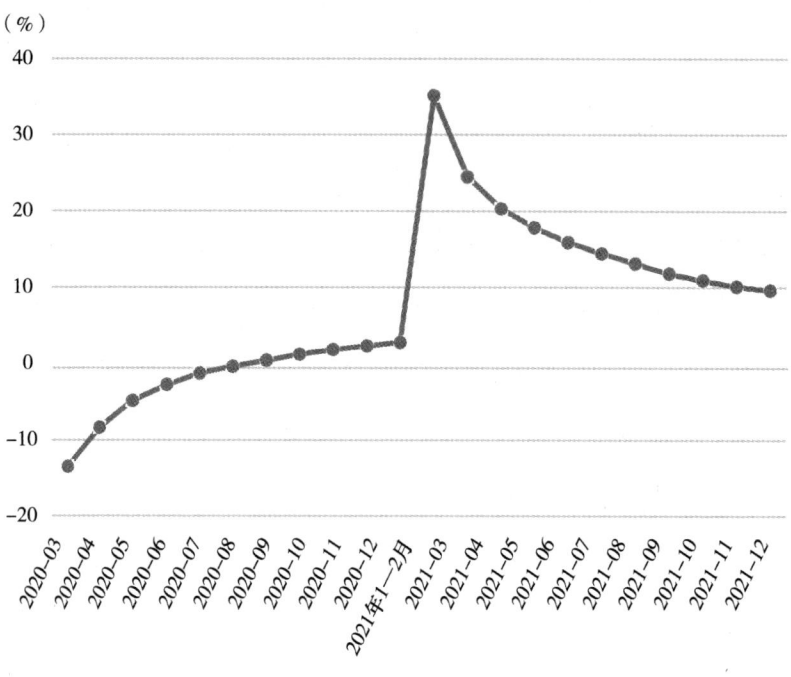

图1-1 2020—2021年规模以上工业增加值累计增速

数据来源：国家统计局网站。

需要特别指出的是，自疫情暴发以来，工业对GDP贡献显著增长，改变了自2010年以来工业对GDP贡献逐年下降的趋势，充分体现了工业经济在面临疫情这类系统风险时的发展韧性和工业对稳增长的压舱石作用。由于国家统计局没有统计工业对GDP贡献，只统计了第二产业对GDP贡献。第二产业包含工业和建筑业，其中工业增加值占第二产业增加值的比重超过八成。从公布的第二产业对GDP贡献来看，2020年第二产业对GDP贡献达到了43.3%，改变了自2010年以来第二产业对GDP贡献率持续下降的态势。2010年我国第二产业对GDP贡献为57.4%，逐渐减少至2019年的32.6%。2020年第二产业对GDP贡献较2019年增加了10.7个百分点。此外，疫情以来，工业经济运行呈现的另一个较为明显的特征，即改变了自2015年以来工业增速始终低于GDP增速的运行状态（如图1-2所示）。

2. 装备和高技术制造业引领作用突出，工业升级态势明显

2021年，装备制造业增加值比上年增长12.9%，高于全部规上工业平均水平3.3个百分点，对全部规上工业增长贡献率达45.0%，有力支撑工业增长稳步回升。从行业看，多数行业两位数增长，金属制品业、电气机械和器材制造业、计算机通信和其他电子设备

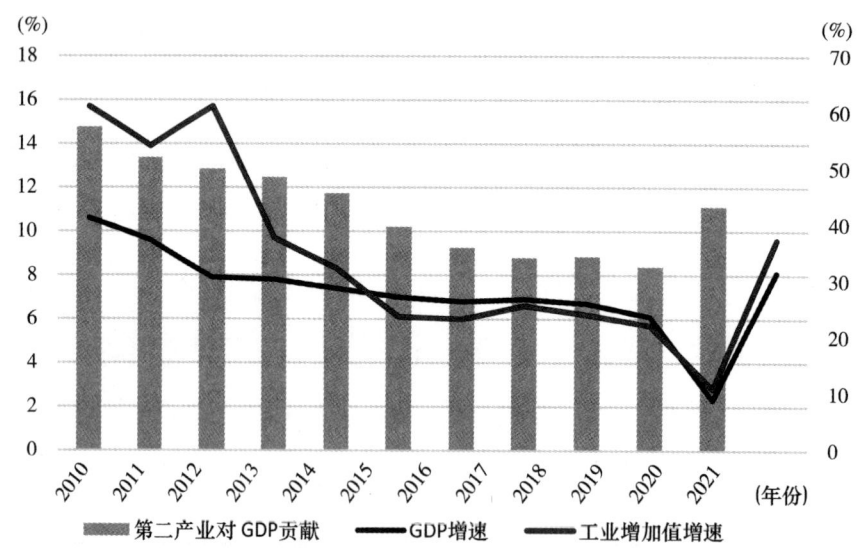

图1-2 2010年以来GDP、工业增加值增速及第二产业对GDP贡献率

数据来源：国家统计局网站。

制造业两年平均增速均达两位数，且明显高于2019年水平。从产品看，新能源汽车比上年增长145.6%，产量各月均保持成倍增长；工业机器人、太阳能电池、微型计算机设备等主要产品实现较快增长，增速分别为44.9%、42.1%、22.3%。2021年，高技术制造业增加值比上年增长18.2%，高于全部规上工业平均水平8.6个百分点，明显高于其他行业板块，对规上工业增长的贡献率为28.6%。从2020年11月份以来，连续14个月保持两位数增长。分行业看，医药制造业、电子及通信设备制造业、计算机及办公设备制造业增加值分别增长24.8%、18.3%、18.0%。分产品

看，3D 打印设备、智能手表、集成电路分别增长 37.5%、37.0%、33.3%。

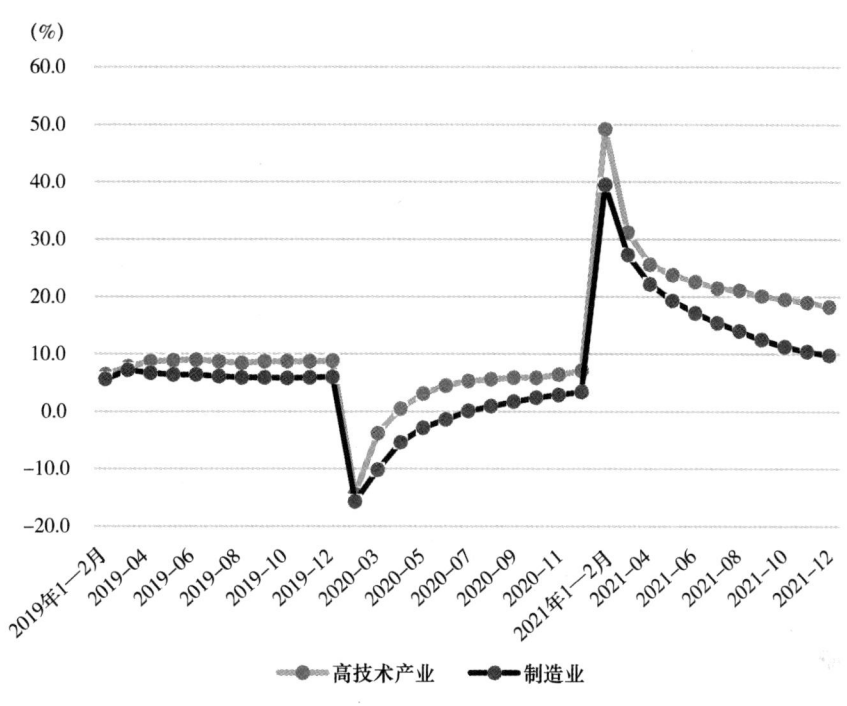

图 1-3 2019 年以来制造业和高新技术产业增加值增速

数据来源：国家统计局网站。

3. 东部地区工业领跑，区域工业恢复不均衡

2021 年，有 13 个省（区、市）规模以上工业增加值增速高于全国平均水平，分别是北京市、湖北省、浙江省、贵州省、西藏自治区、江苏省、山西省、江西省、上海市、重庆市、海南省、福建省和四川省（如图 1-4 所示）。这 13 个省份中，东部地区有 6 个省（市）、中部地区有 4 个省（市），西部地

区有3个省（区、市）。与疫情之前相比，例如2019年，规模以上工业增加值增速排名前十的省（区、市）中，东部、中部和西部省份数量分别为1个、5个和4个，疫情之前中西部地区工业表现较为突出，疫情发生之后，东部地区特别是长三角地区工业表现较为突出。东部地区工业在新兴战略产业、高技术产业发展的带动下，工业保持较高增速。例如，北京市医药制造业和计算机、通信和其他电子设备制造业优势明显。2021年，北京市医药制造业在疫苗生产带动下比上年增长2.5倍，计算机、通信和其他电子设备制造业增长19.6%。浙江和江苏新动能不断增强，在推动互联网+科技革命的过程中，不断培育新业态、新产业、新模式，使新动能成为经济增长的主要推动力。2021年浙江规模以上工业中，数字经济核心产业制造业、装备制造业、战略新兴产业、人工智能、高技术产业制造业增加值分别增长20.0%、17.6%、17.0%、16.8%和17.1%，增速均比上年加快并远高于全部规模以上工业，显著拉抬工业生产增速。而工业增速排名后三位的省份分别是吉林省、辽宁省、河北省，三省规模以上工业增加值同比分别增长4.6%、4.6%和4.9%，分别低于全国平均水平5个、5个和4.7个百分点。

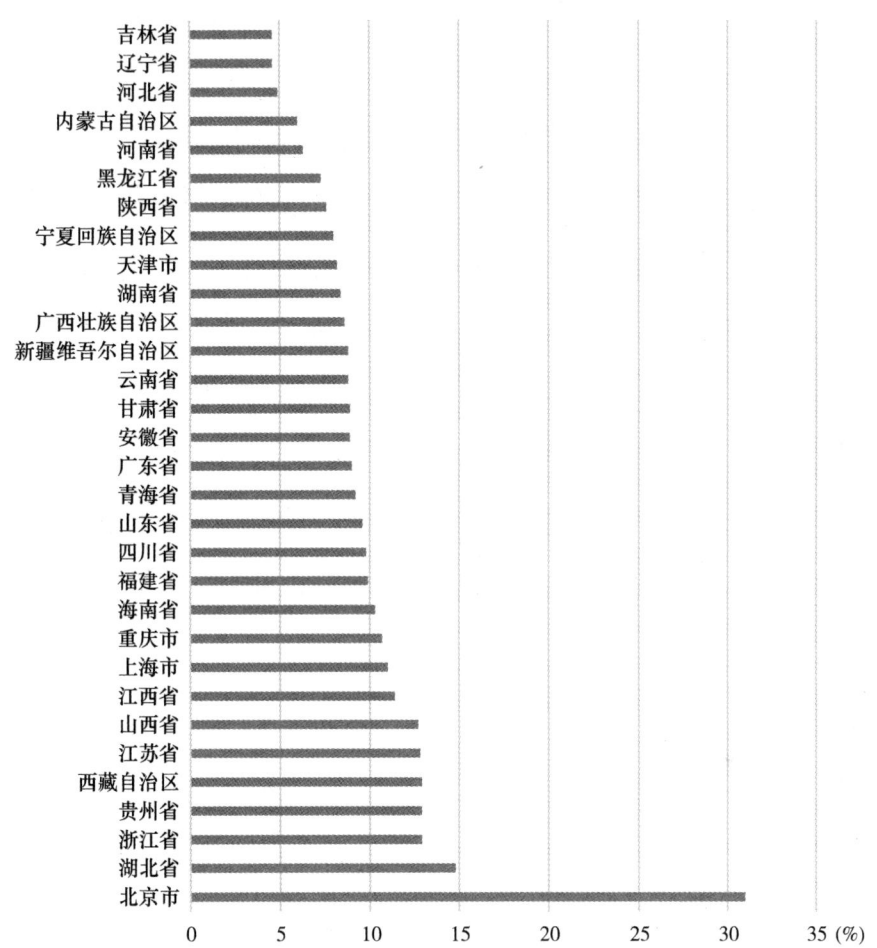

图 1-4 2021年各省规模以上工业增加值增速

数据来源：国家统计局网站。

4. 投资信心增加，制造业民间投资改善

2021年以来随着一揽子改革举措的加快推进以及惠企政策的落地见效，民营企业投资空间加快扩容，为稳投资稳增长注入更多动力和活力。2021年，制造业固定资产投资和制造业民间投资同比分别增长

13.5%和14.7%，分别高于全部固定资产投资增速8.6个和9.8个百分点（如图1-5所示）。2021年制造业固定资产投资增速改变了2019年和2020年两年增速低于全部固定资产投资增速的态势，特别是制造业民间投资增速，自2021年5月份开始，增速均高于制造业固定资产投资增速。而此前有两年多的时间，民间制造业投资增速低于制造业投资增速。此外，投资结构持续优化。2021年，高技术制造业投资增长22.2%，比制造业投资增速高8.7个百分点，拉动制造业投资增长4.5个百分点。其中，电子及通信设备

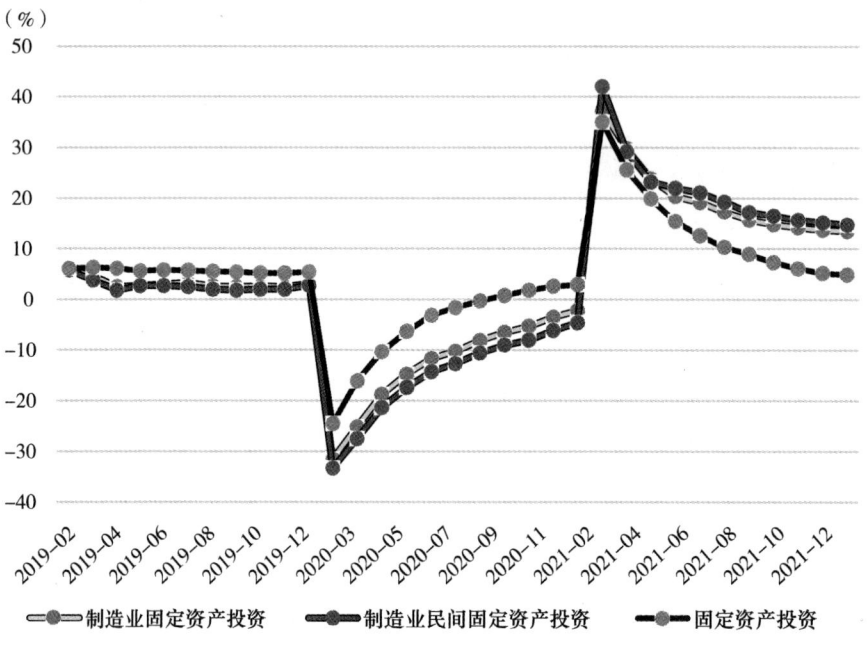

图1-5　2019年以来制造业投资增速

数据来源：国家统计局网站。

制造业，航空、航天器及设备制造业，医疗仪器设备及仪器仪表制造业，计算机及办公设备制造业投资处于20%以上的增长，投资同比分别增长25.8%、24.1%、22.6%和21.1%。

5. 工业企业利润增速回落，行业效益加速分化

2021年，规模以上工业企业利润较上年增长34.3%，增速较上年加快30.2个百分点，两年平均增长18.2%。2021年工业企业利润同比增速较第一季度、上半年和前三季度分别减少103个、32.6个和10.4个百分点，呈现前高后低的态势（如图1-6所示），并且2021年工业企业利润呈现行业加速分化态势。采矿业、原材料制造业及与疫情相关行业盈利规模明显扩大。2021年，石油和天然气开采业，石油、煤炭及其他燃料加工业，煤炭开采和洗选业，化学纤维制造业，有色金属冶炼及压延加工业，黑色金属冶炼及压延加工业，化学原料及化学制品制造业利润同比分别增长5.8倍、2.2倍、2.1倍、1.5倍、1.2倍、1.1倍和87.8%。医药制造业受国内外疫苗需求量较大、企业产销两旺等因素拉动，利润同比增长77.9%，延续年初以来的高速增长态势。但是部分传统消费品行业利润增长缓慢。2021年，农副食品加工业、橡胶和塑料制品业、印刷和记录媒介复制业、食品制造业利润同比下降9.2%、2.9%、0.4%和0.1%。

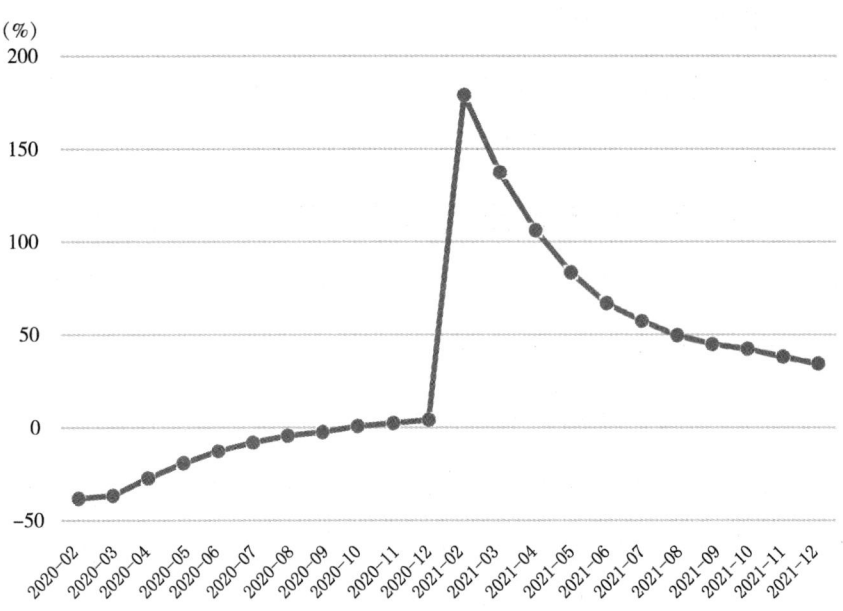

图1-6 2020—2021年规模以上工业企业利润增速

数据来源：国家统计局网站。

大宗商品价格持续上涨对工业利润形成有利支撑。自2021年年初以来，受煤炭和部分高耗能行业产品价格上涨等因素影响，工业品价格涨幅持续扩大。2021年全年，PPI同比上涨8.1%。2021年下半年以来，在国家保供稳价政策效应叠加原油等部分国际大宗商品价格走低的影响下，工业品价格有所回落但仍处于高位。2021年12月，PPI同比上涨10.3%，涨幅比上月回落2.6个百分点。从具体行业来看，价格涨幅居前的行业分别是：煤炭开采和洗选业，石油和天然气开采业，石油、煤炭及其他燃料加工业，化学原料和化学制品制造业，黑色金属冶炼和压延加工业，有色金属冶炼和压延加工业，化学纤维制造业，价格同比分别上涨66.8%、45.6%、36.4%、23.8%、21.4%、20.0%和18.4%。数据显示，2021年上半年，上游采矿业和原材料制造业对规模以上工业利润增长的贡献率合计为58.9%，接近六成。

（二）突出问题

1. 原材料价格持续高位，经营成本压力增大

大宗商品价格持续高位运行挤压企业特别是私营、小微企业盈利空间。2021年，工业生产者出厂价格比去年同期上涨8.1%，而工业生产者购进价格上涨11%，二者相差近2个百分点。12月份，工业生产者出厂价格同比上涨10.3%，工业生产者购进价格同比上涨14.2%，二者相差近4个百分点。企业经营成本持续增加。2021年，规模以上工业企业每百元营业收入中的成本为83.74元，较年初增加了0.8元。特别是小微企业原材料端议价无力，产品端又不敢同步涨价，成为"夹心饼干"。2021年，国有控股工业企业利润同比增长56%，显著高于私营工业企业（利润增

长 27.4%）。受大宗商品价格持续高位、海运费用攀高、用工成本上升、前期汇率升值幅度较大等因素影响，部分以人民币计价的出口企业利润受到侵蚀，部分企业出现出口"增收不增利"的现象。回款难、库存高企、资金沉淀大加重了企业流动资金短缺的压力。2021年年末，工业企业应收账款同比增长13.1%，自2020年4月份以来持续维持在两位数增长；产成品存货同比增长17.1%，较2019年同期增加了15.1个百分点。此外，从中央到地方均出台了很多支持中小企业发展的政策，但部分政策可获得性和申请的便利性影响政策落地效果。

2. 限产停工、拉闸限电等极端做法扰乱工业生产秩序

由于国内有序防控疫情、较早实现复工复产，为承接境内外生产需求打下必要基础。自疫情发生以来，大宗商品价格屡创新高，相关企业存在扩张产能冲动。同时，部分地区在2030年碳达峰预期下，将"碳达峰"前的近10年理解为"攀高峰"的时间窗口，抢上"两高"项目，一些地方屡现未批先建项目。2021年上半年，多地能耗不降反升，9省区能耗强度、消费总量均被国家发改委给出一级预警。在考核压力下，一些地方采取强力手段，定指标、压任务，对产业园区和行业强制性限产停工、拉闸限电，部分地区工业生产处于"失序"状态。广东、浙江和江苏等地由于承接了大量的外贸订单，用电需求持续增加，导致2021年上半年能耗"双控"目标未达要求，因而对"双高"企业采取限产限电措施。而云南、广西和青海等西部省份，近年由于承接了电解铝、工业硅等高耗能项目导致用电需求增加，能耗"双控"目标亦未达标，加之传统水电资源供应不足，因而也对"双高"企业限产限电。受高耗能行业景气水平较低等因素影响，使得9月和10月制造业PMI降至荣枯线下。这一轮拉闸限电的背后，凸显我国能源供应方面的隐忧，加之我国能源供应地区分布不均，且优先保障居民用电，工业生产仍面临较大的收缩压力。

3. 海外疫情形势的逐步缓解出口或将面临较大的冲击

受新冠疫苗和防疫用品需求旺盛带动相关产业和产品出口大幅增长。2021年，我国医药制造业出口交货值增长64.6%，延续去年下半年以来的高速增长势头；受海外市场高需求持续拉动，汽车制造业出口交货值同比增长40.3%；因金属集装箱需求增加，金属制品业出口交货值同比增长39.9%。受益于新冠特效药研发进展积极和海外疫情形势的逐步缓解，欧美地区商品消费逐步转向服务消费，将对我国出口增长产生不利影响。随着东南亚疫情管控解封及生产恢复，我国对东南亚出口的替代效应将减弱。此外，广东、江苏等出口大省均为本轮能耗"双控"一级预警省份，限产措施或将压制出口企业的生产和接单能力。自2021年5月以来，我国PMI中的新出口订单指数连续下降且位于荣枯线下，预示出口增长态势减弱。

此外，部分产业链供应链"断链"增加了生产的不确定性。一些企业部分原材料、关键零部件进口依赖度较高，由于海外疫情、国际物流运力等因素的影响，面临"断供"风险。以汽车产业为例，2020年12月初以来，汽车行业芯片短缺问题逐渐凸显，目前已经在全球范围内导致多家国际车工厂减产、缩短工作时间或者停产，受影响的车型逾20款。

二 工业运行行业分析

本报告行业划分参照工业与信息化部的划分标准,将工业行业分为四大类:原材料工业,装备工业,消费品工业和通信电子信息及软件业。原材料工业包括能源、化工、钢铁、有色和建材;装备工业包括机械、汽车和民用船舶;消费品工业包括轻工、纺织、食品、医药。本报告主要关注原材料工业、装备工业和消费品工业。

(一)原材料工业

由于全球经济持续复苏,国际能源和煤炭需求旺盛,加之国内电厂补库存需求比较旺盛,加上建材、化工等耗煤行业刚性煤炭需求带动,而市场供应总体偏紧,煤炭价格波动上涨,行业效益显著改善。2021年,煤炭开采和洗选业工业增加值同比增长6.7%,增速较上年增加5个百分点;实现原煤产量40.7亿吨,同比增长4.7%。2021年，煤炭开采和洗选业实现利润总额7023.1亿元，同比增长212.7%，而上年同比下降21.1%。2021年煤炭价格波动上涨是行业效益改善的主要原因。2021年煤炭价格大起大落巨幅波动。2021年首月延续2020年年末的走势冲高，1月中旬煤价一度达到1150元/吨；而后受春节假日影响，煤炭需求阶段性回落，煤炭价格随之下降，2月底降至571元/吨左右，近乎腰斩；进入5月再度调头向上至950元/吨。5月，国常会结束后，政策高压之下，煤价下滑至845元/吨。8月下旬之后，煤价向上直线上涨，至10月17日，煤价达到了2600元/吨的历史高位。随后，国家出台了保供稳价的政策，2021年内保供阶段共计批准5批次、数百家煤矿产能核增，合计增加产能约4.2亿吨，煤价出现下跌，2021年年底，煤价跌至820元/吨。

石油和天然气开采业向好运行态势。受中石油和中海油为代表的龙头企业加大油气勘探开发等因素影响，2019年，石油和天然气开采业工业增加值同比增长3.9%，增速较2021年上半年和去年全年分别加快0.1个和3.4个百分点。2021年，原油产量19898万吨，比上年增长2.4%；天然气产量2053亿立方米，比上年增长8.2%。受油气价格提升，石油和天然气开采业效益大幅上涨。2021年，石油和天然气开采业收入和利润同比分别增长35.9%和584.7%,增速较2021年上半年分别增加8个和336.1个百分点。值得注意的是,2021年,石油和天然气开采业出口交货值增速由正转负,同比下降8.1%。

2021年,电力、热力生产和供应业亏损加剧。2021年,电力、热力生产和供应业工业增加值同比增长6.5%,增速较2021年上半年减少2.1个百分点,但比去年加快9个百分点。受燃料供应紧张、重点流域来水偏少、电力消费需求较快增长等因素影响,9月、10月全国多地电力供应紧张,执行了有序用电措施。由于原材料价格上涨,电力、热力生产和供应业出现了"增收不增利"现象。2021年,电力、热力生产和供应业收入同比增长14.3%,而利润同比下降57.1%。

表2-1　煤炭开采和洗选业、石油和天然气开采业主要指标累计增速　　单位:%

	煤炭开采和洗选业				石油和天然气开采业			
	收入	利润	出口交货值	增加值	收入	利润	出口交货值	增加值
2020-02	-16.3	-45.6	-14.2	-8.2	8.1	23.7	155.7	2.1
2020-03	-12.7	-29.9	288.5	-0.6	-2.3	-20.1	125.8	1.3
2020-04	-10	-27	-47.6	0.6	-13.8	-56.4	106.2	0.1
2020-05	-11.6	-31.2	149.9	0.5	-20.4	-75.8	127.4	-4

续表

	煤炭开采和洗选业				石油和天然气开采业			
	收入	利润	出口交货值	增加值	收入	利润	出口交货值	增加值
2020-06	-11.8	-31.2	-42.5	0.4	-21.2	-72.6	142.2	-2.1
2020-07	-11.5	-32.8	87.9	-0.3	-21.7	-72.1	164.4	-1.8
2020-08	-11.2	-30	64.6	0.1	-21.2	-70.2	161.9	-1.3
2020-09	-12	-30.1	-38.5	0.4	-20.9	-70.2	170	-0.7
2020-10	-10.7	-27.7	-22.2	0.9	-20.9	-68.5	168.7	-0.3
2020-11	-9.7	-24.5	24	1.2	-20.7	-70.8	168.1	-0.1
2020-12	-8.4	-21.1	-68.5	1.7	-20.1	-83.2	167.3	0.5
2021-02	41.1	204.4	-29.9	27.1	-6.8	-28.7	-24.4	2.8
2021-03	29.6	94.3	-78.9	13.6	3.5	18.4	-23.2	2.1
2021-04	26.4	91.5	101.6	10.6	17.5	119.4	-7.2	3.3
2021-05	28.8	109.4	69.5	9	25.8	273.1	-9.7	3.5
2021-06	30.9	113.8	110.6	7	27.9	248.6	-14.1	3.8
2021-07	32.7	127.9	-64.7	6	31.2	266.7	-15.7	3.9
2021-08	39.3	145.3	-70.2	5.5	32.5	265.1	-19.2	4.2
2021-09	44.6	172.2	-85.4	5.1	33.3	267.2	-9.5	4.8
2021-10	52.7	210.2	-91.1	5.6	35.5	262.7	-7.9	4.9
2021-11	56.8	222.6	-88.1	6.1	37.1	284.3	-24.8	4.7
2021-12	58.3	212.7	-93.4	6.7	35.9	584.7	-8.1	3.9

数据来源：国家统计局网站。

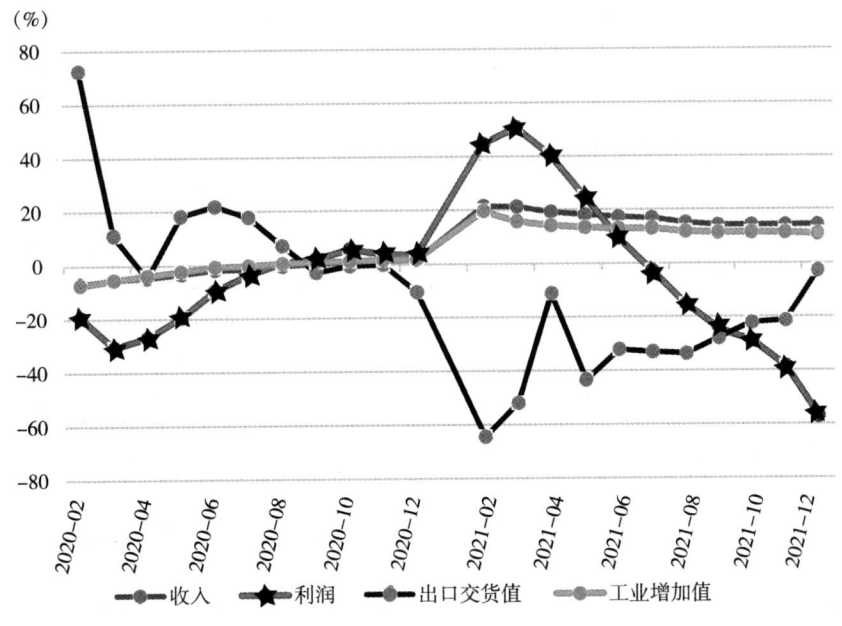

图 2-1 电力、热力生产和供应业主要指标累计增速

数据来源：国家统计局网站。

化工行业生产增长。2021年，化工行业增加值同比增长7.4%，增速同比提高4个百分点。具体行业来看，石油加工、炼焦及核燃料加工业，化学原料及化学制品制造业，化学纤维制造业，橡胶和塑料制品业工业增加值同比分别增长0.8%、7.7%、7.2%和6.3%，增幅较上年加快0.1个、4.3个、5个和4.5个百分点。从主要产品产量来看，乙烯、初级形态的塑料、合成橡胶、合成纤维、烧碱、纯碱、化肥、农药、橡胶轮胎外胎、电石产量同比增长18.3%、5.8%、2.6%、9.1%、5.2%、3.4%、0.8%、7.8%、10.8%和0.9%。

行业盈利能力分化。2021年，除橡胶和塑料制品业利润负增长（-2.9%）外，石油加工炼焦和核燃料加工业、化学原料及化学制品制造业、化学纤维制造业利润分别增长224.2%、87.8%和149.2%。造成主要行业利润上涨的原因是价格的过快上涨。2021年12月，烧碱（片碱）平均价格为3250元/吨，同比上涨68.4%；纯碱（重灰）平均价格3050元/吨，同比上涨81.5%。尿素平均价格2510元/吨，同比上涨37.2%；国产磷酸二铵平均价格3610元/吨，同比上涨49.2%。电石平均价格4970元/吨，同比上涨25.5%。

化工行业出口增长。2021年，化工行业出口交货值均实现了两位数以上的增长。化学原料及化学制品制造业和化学纤维制造业出口交货值同比分别增长40.3%和39.6%，石油加工、炼焦和核燃料加工业与橡胶和塑料制品业出口交货值同比分别增长24.6%和13.9%，但是增速除化学原料及化学制品制造业较上半年加快9.4个百分点外，其余三个行业增速均有所放缓，分别减少12.2个、14.6个和15.4个百分点。

表2-2　　　　　　化工行业主要指标累计增速　　　　　　单位：%

	石油加工、炼焦和核燃料加工业				化学原料及化学制品制造业			
	收入	利润	出口交货值	增加值	收入	利润	出口交货值	增加值
2020-02	-4	-116.7	25.7	-7.8	-21	-66.4	-19.7	-12.3

续表

	石油加工、炼焦和核燃料加工业				化学原料及化学制品制造业			
	收入	利润	出口交货值	增加值	收入	利润	出口交货值	增加值
2020-03	-8.9	-187.9	11.2	-8.1	-17.8	-56.5	-10.3	-6.8
2020-04	-11.4	-213.3	-6.5	-6.3	-13.3	-48	-8	-3.9
2020-05	-13.4	-167.4	-16.4	-3.9	-11.7	-38.6	-8.6	-2.1
2020-06	-13	-124.1	-33.4	-2	-10.1	-32.2	-9.5	-1
2020-07	-13.7	-107.9	-36.8	-1.2	-9.1	-27.6	-10.3	-0.1
2020-08	-13.6	-84.4	-36.4	-0.1	-8	-22	-10.2	0.7
2020-09	-13.6	-66.2	-36.8	0.2	-6.9	-17.7	-9.6	1.5
2020-10	-13.9	-52.8	-37.6	0.4	-5.8	2.8	-9.5	2.3
2020-11	-13.8	-44	-39.1	0.6	-4.6	10.5	-8.5	2.9
2020-12	-13.4	-26.5	-39	0.7	-3.7	20.9	-8.8	3.4
2021-02	12.7	0	-32.8	13.1	45.9	498.4	28.3	30.8
2021-03	19.6		-16.1	11.1	40.2	342.5	22.7	21.1
2021-04	25.1		7.2	9.6	36.9	272	23.8	17.6
2021-05	29.9		22.5	7.6	36.2	211.4	27	15.6
2021-06	31.7		39.2	6.2	35.4	176.8	30.9	14.5
2021-07	33		34.5	5.6	34.6	162.4	30.4	13.4
2021-08	32.9	2471.2	31.8	4.2	34.1	144.7	31.7	12.3
2021-09	32.6	930	33.8	2.7	32.8	126.8	32.7	10.8
2021-10	33.6	575.9	32.1	2	32.4	116.4	34.4	9.6
2021-11	33.5	387.1	29.7	1.3	31.8	102	36.3	8.5
2021-12	32.3	224.2	24.6	0.8	31.1	87.8	40.3	7.7
	化学纤维制造业				橡胶和塑料制品业			
	收入	利润	出口交货值	增加值	收入	利润	出口交货值	增加值
2020-02	-28.4	-74.5	-10.6	-10.7	-26.3	-52.9	-22.3	-25.2
2020-03	-25.4	-62.2	-6.9	-6.9	-21.2	-30.9	-15.5	-16.2
2020-04	-20	-60.4	-16.9	-4.9	-13.3	-11.9	-13.5	-9.4

续表

	化学纤维制造业				橡胶和塑料制品业			
	收入	利润	出口交货值	增加值	收入	利润	出口交货值	增加值
2020-05	-18	-59.1	-23.3	-2.9	-9.7	3.6	-12.8	-6.2
2020-06	-18.4	-41.9	-25.8	-1.2	-7.3	14	-10.9	-4.3
2020-07	-17.3	-40.4	-25.4	-0.7	-7	15.4	-8.6	-3
2020-08	-15.5	-33.4	-23.7	-0.4	-5.4	19.5	-6.8	-2
2020-09	-13.8	-34.9	-22.6	0.2	-4	20.6	-4.7	-0.7
2020-10	-11.8	-30	-21.5	1.1	-2.7	23.8	-2.8	0.6
2020-11	-11.3	-26.3	-20.4	1.6	-1.6	25.3	-1	1.3
2020-12	-10.4	-15.1	-17.7	2.2	-1	24.4	0.3	1.8
2021-02	48.5	688.1	17.7	26	58	299.5	52.3	51.6
2021-03	40.7	596.9	21.9	18.6	44	140	41	32.7
2021-04	35.8	650.2	34.7	15.8	34.6	83.3	36.7	25.2
2021-05	34.3	743.7	46	14.2	29	46.5	33.7	20.2
2021-06	35	387.5	51.8	12.6	25	24.9	29.3	16.9
2021-07	36.6	384.7	48.1	12.7	22	16.3	23.8	14.2
2021-08	35.7	367	44.6	12.3	19.3	8.6	20.5	12.2
2021-09	33.3	317.9	41	10.7	17.1	5	17.8	9.9
2021-10	31.5	275.7	40.4	9.1	15	-0.8	15.8	8.1
2021-11	29.8	221.8	41.1	8.1	13.7	-3.9	14.7	7
2021-12	27.8	149.2	39.6	7.2	12.9	-2.9	13.9	6.3

数据来源：国家统计局网站。

钢铁行业生产放缓。2021年上半年，受国内外需求拉动，全国累计粗钢产量5.63亿吨，同比增长11.80%，创同期历史新高。下半年，随着国家调控政策的落实，钢铁产量过快增长得到有效遏制。自7月以来，粗钢产量连续6个月保持同比下降。全年累计粗钢产量10.33亿吨,同比减少约3200万吨,下降3.0%。累计粗钢表观消费量约9.92亿吨,同比下降5.3%。2021年,黑色金属冶炼及压延加工业增加值同比增长1.2%,增幅较2020年减少5.5个百分点,较2021年上半年更是减少了10.3个百分点。

钢铁行业效益创历史新高。受国民经济整体向好、全球大宗商品价格上涨等因素影响,2021年钢铁行业利润增速呈前高后低走势,钢铁行业效益创历史最高。据钢铁协会的数据,2021年以来,受铁矿石、焦煤等原燃料价格大幅上涨影响,2021年上半年钢材价格一路走高,5月中旬国内钢材综合价格指数达到174.81点,创历史新高。随后钢材价格高位回调,尤其是第四季度以来,受需求减少等因素影响,钢材价格大幅下滑。至2021年年末,国内钢材综合价格指数131.70点,较2021年最高点下降24.7%。2021年重点大中型钢铁企业累计营业收入6.93万亿元,同比增长32.7%;累计利润总额3524亿元,同比增长59.7%,创历史新高;销售利润率达到5.08%,较2020年提高0.85个百分点。从上下游行业来看,2021年,黑色金属矿采选业和黑色金属冶炼及压延加工业利润同比分别增长113.5%和75.5%,增幅较2020年增加38.6个和83个百分点,增幅较2021年上半年回落74.4个和158.6个百分点。

钢铁行业出口下降。受国外需求较快恢复、国际钢材价格大幅上涨等因素影响，2021年钢材出口在连续5年下降的情况下大幅反弹。从出口交货值来看，2021年黑色金属冶炼及压延加工业出口交货值自5月份开始实现正增长，全年同比增长49%，增幅较上半年加快40.6个百分点。从出口数量来看，2021年累计出口钢材6690万吨，同比增长24.6%。上半年钢材出口持续增长，我国累计出口钢材3738万吨，同比增长30.2%。随着取消出口退税等政策效果显现，自7月开始，钢材出口环比持续下降。

表2-3　　　　　钢铁行业主要指标累计增速　　　　单位：%

	黑色金属矿采选业				黑色金属冶炼及压延加工业			
	收入	利润	出口交货值	增加值	收入	利润	出口交货值	增加值
2020-02	-5.9	-86.2	-71.8	-16.2	-11.4	-34.4	-19.1	-2
2020-03	-1.2	-47.8	18.3	-7.6	-10.8	-55.7	-9.2	0.5
2020-04	1.1	40.3	-3.4	-5.2	-7.5	-60.4	-30.3	1.7
2020-05	1	20.9	2.7	-3.1	-6	-57.2	-36.2	2.8
2020-06	2.8	24.2	-0.6	-2.3	-3.8	-40.3	-37.1	3.4
2020-07	4	24.3	22.7	-1.9	-1.9	-32	-37.7	4.2
2020-08	5	31.3	-0.4	-1.6	0	-23.1	-37.1	4.8
2020-09	7.1	44.5	-8.9	-1.6	1.2	-18.7	-36.8	5.3
2020-10	8.2	46.4	-27.8	-1.7	2.9	-12.9	-37.8	5.9
2020-11	9	45	-31	-2.1	3.7	-9.9	-31.6	6.3
2020-12	11.2	74.9	-29.5	-1.6	5.2	-7.5	-31	6.7
2021-02	63.9	3895.8	96.6	27.2	52.5	271	-4	21.6

续表

	黑色金属矿采选业				黑色金属冶炼及压延加工业			
	收入	利润	出口交货值	增加值	收入	利润	出口交货值	增加值
2021-03	57	780.4	555	16.1	50.5	387.6	-27.4	16.4
2021-04	56.4	194.4	291.3	12.4	51.7	416.1	-8.7	14.8
2021-05	56.8	201.6	246.1	11.5	52.3	377.1	-1	13.4
2021-06	57.2	187.9	157.8	9.3	49.5	234.1	8.4	11.5
2021-07	55.4	189.8	77	7.5	46	181.6	15.3	9.2
2021-08	53.2	167.8	56.1	6.1	43.3	155.6	17.7	7.2
2021-09	48.3	145.8	47.8	4.9	40.7	144.8	34.2	5
2021-10	44.1	119.9	43.6	4	38	132	26.1	3
2021-11	39.5	114.3	39.8	3.4	35.3	104.3	36	1.6
2021-12	34.3	113.5	36.2	3.4	32.2	75.5	49	1.2

数据来源：国家统计局网站。

有色金属行业恢复性向好的态势。2021年，有色金属矿采选业和有色金属冶炼及压延加工业工业增加值同比分别增长-1.7%和3.9%，增速较去年分别减少1.5个和加快1.4个百分点，较2021年上半年分别减少0.6个和3.9个百分点。分产品来看，2021年，全国十种有色金属产量6454万吨，同比增长5.4%，增速同比回落0.1个百分点。其中，铜产量1049万吨，增长7.4%，增速与上年基本持平；电解铝产量3850万吨，增长4.8%，回落0.1个百分点；铅产量

737万吨，增长11.2%，提高1.8个百分点；锌产量656万吨，增长1.7%，回落1个百分点；氧化铝产量7748万吨，增长5%，提高4.7个百分点。

有色金属下游行业好于上游行业。2021年，有色金属矿采选业营业收入和利润总额同比分别增长14.8%和44.5%，增幅显著高于2020年，但是增幅较2021年上半年分别减少6.1个和39个百分点。有色金属冶炼及压延加工业收入和利润总额同比分别增长31.6%和115.9%，增幅亦显著高于2020年，但是增幅较2021年上半年分别减少6.7个和156.9个百分点。2020年，有色金属行业效益大幅增长的主要原因是价格拉伸。据中国有色金属工业协会统计，2021年，大宗有色金属价格高位运行，铜、铝、铅、锌现货均价分别为68490元/吨、18946元/吨、15278元/吨、22579元/吨，同比分别上涨40.5%、33.5%、3.4%、22.1%。

有色金属行业出口增长。2021年，有色金属行业出口由上年负增长转为正增长。有色金属矿采选业和有色金属冶炼及压延加工业出口交货值同比分别增长49%和44%，增幅较2021年上半年分别扩大40.6个和9.6个百分点。

表 2-4　　　　　　　有色金属行业主要指标累计增速　　　　　单位：%

	有色金属矿采选业				有色金属冶炼及压延加工业			
	收入	利润	出口交货值	增加值	收入	利润	出口交货值	增加值
2020-02	-18.8	-33.4	-19.1	-13.1	-13.5	28.3	-32.3	-8.5
2020-03	-15	-33.9	-9.2	-6.1	-10	-30.2	-25.4	-3.8
2020-04	-12.2	-31.8	-30.3	-3.1	-4.6	-40.3	-19.8	-0.6
2020-05	-8.8	-15.3	-36.2	-1.7	-2.9	-43.7	-20.3	0.5
2020-06	-7.6	-13.5	-37.1	-1.4	-0.5	-29.4	-22.9	1
2020-07	-5.3	-8.2	-37.7	-0.8	1.1	-12.7	-26.5	1.3
2020-08	-5.1	-1.7	-37.1	-0.6	0.9	-5.6	-28.9	1.7
2020-09	-3.1	5.9	-36.8	-0.4	1.5	2.1	-30.7	1.9
2020-10	-5.2	9.3	-37.8	-0.1	2.5	5	-30.6	2.2
2020-11	-5.2	15.1	-31.6	-0.1	3	10.1	-30.4	2.4
2020-12	-3.2	14.7	-31	-0.2	4.2	20.3	-28.7	2.5
2021-02	36.1	146.4	-4	14.2	48.1	258.2	14.1	22.7
2021-03	29	95.2	-27.4	6.4	43	471	13.7	14.3
2021-04	27.6	100.6	-8.7	2.6	41	484	22.8	10.7
2021-05	24.5	94.4	-1	0.5	40	386.7	24.2	9.2
2021-06	20.9	83.5	8.4	-1.1	38.3	272.8	34.4	7.8
2021-07	18.8	79.2	15.3	-2.5	36.7	200.1	40.2	6.9
2021-08	17.7	70.4	17.7	-3	37.3	177.5	47.5	6.4
2021-09	15.3	57	34.2	-2.5	35.8	162	48.9	5.7
2021-10	16.1	52.4	26.1	-2.3	34.7	162.8	48.5	5.1
2021-11	15.7	45.5	36	-2	33.9	149.9	48.1	4.4
2021-12	14.8	44.5	49	-1.7	31.6	115.9	44	3.9

数据来源：国家统计局网站。

受上年建材行业"前低后高"走势的基数以及市场需求增长总体放缓等因素的影响，2021年，建材行业生产和效益呈现回落态势。从工业增加值来看2021年，建材工业增加值同比增长8%，比工业增速低1.6个百分点。其中，非金属矿采选业和非金属矿物制品业增加值同比分别增长7.5%和8%，增速较2020年显著回升，分别回升8.1个百分点和5.2个百分点。但是较2021年上半年，增速分别回落8.8个和10.8个百分点。主要建材产品生产有升有降，其中水泥产量23.6亿吨，同比下降1.2%，平板玻璃产量10.2亿重量箱，同比增长8.4%。

从收入和利润来看。2021年，非金属矿物制品业收入和利润增速放缓，同比分别增长10.3%和23.3%，增速比2021年上半年减少9.5个和4.6个百分点。2021年，非金属矿物制品业收入和利润同比分别增长13.8%和14.3%，增速比2021年上半年减少9.7个和12.4个百分点。建材行业是典型的以大宗物料生产为特征的资源能源依赖型产业，2021年以来煤炭、化工等大宗商品价格大幅上涨，大幅增加了建材企业生产成本。

建材行业出口放缓。2021年建材行业出口由上年的负增长转为正增长。非金属矿采选业和非金属矿物制品业出口交货值同比分别增长36.7%和11.3%，但增幅较2021年上半年分别减少25.8个和4.7个百分点。其中，水泥制品、特种玻璃、矿物纤维和复合材料、建筑卫生陶瓷、轻质建筑材料等商品出口数量和出口金额同比均实现增长。

表2-5 非金属矿采选业和非金属矿物制品业主要指标累计增速　　单位：%

	非金属矿采选业				非金属矿物制品业			
	收入	利润	出口交货值	增加值	收入	利润	出口交货值	增加值
2020-02	-24.4	-31.3	-8.2	-25.5	-21.9	-37	-21.9	-21.1
2020-03	-15.9	-17.2	4.1	-16.9	-17.5	-34	-16.4	-13.7
2020-04	-8.9	-2.9	5.9	-9.3	-11	-19.7	-15.5	-7.6
2020-05	-5.4	2	2.4	-5.7	-7.4	-12	-15.5	-4.1
2020-06	-3.6	-5.6	-3.8	-3.8	-5.1	-8.7	-14.1	-2.2
2020-07	-3.4	-3.8	-14.9	-3.1	-4.3	-6.2	-13.3	-1.3
2020-08	-2.6	-1.9	-14.4	-2.2	-3.2	-3.8	-11.5	-0.4
2020-09	-1.6	-1.8	-14.4	-1.4	-2	-1.3	-11.0	0.8
2020-10	-1.7	-1.5	-21.5	-0.8	-1.1	0.9	-10.0	1.7
2020-11	-1.4	0.8	-20.6	-0.5	-0.5	1.4	-9.4	2.3
2020-12	-1.3	4.2	-11.3	-0.6	-0.1	2.7	-8.7	2.8
2021-02	46.8	81.9	126.3	41.4	49.5	87	23.0	44.8
2021-03	35.7	50.9	47.8	32.4	40	69.1	18.5	33.9
2021-04	27.5	32	46.0	24.5	32	40.8	16.3	26.7
2021-05	21.8	28.7	51.6	19.5	26.7	30.3	16.5	21.7
2021-06	19.8	27.9	62.5	16.3	23.5	26.7	16.0	18.8
2021-07	16.7	24	50.3	14	20.9	21	14.7	16.6
2021-08	13.2	25.6	53.8	11.6	18.7	16.8	13.4	14.8
2021-09	11.3	25.9	47.6	9.5	16.8	14.7	12.2	12.6
2021-10	9.3	19.9	49.4	8.3	15.3	15.2	11.8	10.6
2021-11	9.4	19.1	48.5	7.8	14.5	15.4	11.2	8.9
2021-12	10.3	23.3	36.7	7.5	13.8	14.3	11.3	8

数据来源：国家统计局网站。

（二）装备工业

机械行业生产加快。2021年，机械行业增加值同比增长10%，增速高于工业平均增速0.4个百分点。分行业来看，2021年，除金属制品、机械和设备修理业与铁路、船舶、航空航天和其他运输设备制造业增加值同比分别增长5.5%和8%外，其他6个行业的增加值均实现了两位数增长，通用设备制造业，专用设备制造业，仪器仪表制造业，金属制品业，电气机械及器材制造业，计算机、通信和其他电子设备制造业增加值同比分别增长12.4%、12.6%、12%、16%、16.8%和15.7%，增速较上年分别增加7.3个、6.3个、8.6个、10.8个、7.9个和8个百分点。

经济效益分化。2021年，除铁路、船舶、航空航天和其他运输设备制造业，金属制品、机械和设备修理业利润总额有所减少（同比分别下降15.9%和1.2%）外，其他行业均实现不同程度的增长。其中，计算机、通信和其他电子设备制造业，金属制品业，仪器仪表制造业，专用设备制造业实现了两位数增长，利润分别增长38.9%、28.7%、11%和10.2%，增速较上年分别加快21.7个、24.6个百分点和减少0.6个和14.2个百分点。

对外贸易加快增长。2021年,除金属制品、机械和设备修理业出口负增长外,其余7个行业均实现两位数增长。其中,通用设备制造业,专用设备制造业,金属制品业,电气机械及器材制造业出口交货值增速超过20%,同比分别增长21.1%、21.2%、39.9%和21.7%,增速较2020年增加26.7个、15.4个、43.1个和17.3个百分点。

表2-6　　　　　机械行业主要指标累计增速　　　　　单位:%

	通用设备制造业				专用设备制造业			
	收入	利润	出口交货值	增加值	收入	利润	出口交货值	增加值
2020-02	-25.7	-62.3	-27.3	-28.2	-22.9	-55.1	-16.6	-24.4
2020-03	-22.4	-39.9	-19.4	-17.2	-18.3	-34.7	-8.2	-13.5
2020-04	-12.9	-17.6	-14.5	-9	-7.9	-3.1	-3.4	-4.2
2020-05	-8.2	-6.5	-14.4	-4.9	-2.3	16.6	1.3	1
2020-06	-4.8	-1.1	-13	-2.3	1.4	20.7	2.2	2.9
2020-07	-3.1	3.2	-12	-0.3	2.5	24.1	3	4.1
2020-08	-1.1	7.6	-10.7	1.2	3.8	22.9	4.1	4.6
2020-09	0.8	10.7	-9	2.6	5.2	22.3	3.9	5.1
2020-10	1.8	12	-7.7	3.7	6.3	22.9	4.3	5.4
2020-11	2.5	12.5	-6.5	4.4	7.4	23	5.8	6
2020-12	3.2	13	-5.6	5.1	7.6	24.4	5.8	6.3
2021-02	63	319.3	50.8	62.4	66	399	67.3	59.2
2021-03	49.4	118.7	35.4	39.9	49.8	145.5	49.2	37.2
2021-04	38.7	67.7	28.2	31.6	38	77.7	44.5	28.2
2021-05	32.3	45.5	27.3	27.2	30	38.4	37.2	22.6
2021-06	28.3	34.5	26.5	24.3	25.1	31	33.7	20.1

续表

	通用设备制造业				专用设备制造业			
	收入	利润	出口交货值	增加值	收入	利润	出口交货值	增加值
2021-07	25.2	25.7	25.5	21.5	20.9	17.7	20.3	17.8
2021-08	22.5	20.6	23.7	19.4	19.4	15.6	20.3	16.5
2021-09	20.3	17.9	22.6	17.1	17.4	17.8	20.3	15.5
2021-10	18	13.7	22.3	15.2	15.5	14.9	20.8	14.6
2021-11	16.7	11.1	22	13.8	14	10	21	13.3
2021-12	15.1	8.3	21.1	12.4	12.8	10.2	21.2	12.6

	铁路、船舶、航空航天和其他运输设备制造业				仪器仪表制造业			
	收入	利润	出口交货值	增加值	收入	利润	出口交货值	增加值
2020-02	-24.7	-75.3	-22.8	-28.2	-25.2	-71.7	-22.9	-27.4
2020-03	-18.3	-33.2	-16	-13.7	-21	-33.2	-12.5	-16.1
2020-04	-10.9	-11.7	-13.8	-7.3	-11.7	-2	-9.5	-7
2020-05	-7.2	-6.5	-12.2	-4.8	-6.4	8.9	-8.4	-3
2020-06	-5.8	-4.8	-10.6	-3.8	-3.5	2.8	-6.4	-0.7
2020-07	-4.3	-1.6	-9.5	-3.3	-1.3	9.6	-5.9	1.1
2020-08	-3.4	-3.6	-7.2	-2.9	0.4	11.9	-5	1.5
2020-09	-1.6	0.8	-5.1	-2.1	2.1	13.4	-4.4	1.7
2020-10	-1.4	1.5	-3	-1.9	2.7	13.7	-4.4	2.2
2020-11	-1.4	1.1	-3.1	-1.4	3.6	13.3	-3.7	2.6
2020-12	-0.6	-1.5	-3.7	-0.3	3.5	11.6	-2.3	3.4
2021-02	51.7	508	42.3	48.9	65.2	633.3	38.7	58.6
2021-03	37.8	72.4	33.8	27.2	46.1	111	25.1	33.6
2021-04	28.7	21.1	29.2	21.2	35.9	50.3	20.7	25.5
2021-05	24.9	15.3	27.5	17.9	29	34.3	16.1	21.2
2021-06	20.5	11.6	24.3	15.3	25.7	25.1	14.4	19.2
2021-07	18.3	10.3	22.2	13.6	23.3	20.4	13.9	17.1
2021-08	16.5	7.4	20.6	11.9	21	16.1	12.2	16

续表

	铁路、船舶、航空航天和其他运输设备制造业				仪器仪表制造业			
	收入	利润	出口交货值	增加值	收入	利润	出口交货值	增加值
2021-09	14	5	18.5	11.3	18.9	14.5	11.3	14.8
2021-10	13.3	5.5	17.6	10.8	17.7	13.9	14.5	13.7
2021-11	12.8	11.2	16.6	10	16.9	12.4	14.6	13.1
2021-12	11.1	-15.9	17.2	8.4	15.9	11	12.6	12

	金属制品业				金属制品、机械和设备修理业			
	收入	利润	出口交货值	工业增加值	收入	利润	出口交货值	工业增加值
2020-02	-25.2	-49	-25.4	-26.9	-9.3	-80	33.3	-9.7
2020-03	-20.5	-39.1	-16.7	-15	-6.5	-84.3	28	-8.8
2020-04	-12.4	-22.3	-14.4	-7.3	-2.5	-66.7	26.7	-5.1
2020-05	-9.7	-15.9	-15.3	-4.7	-1.7	-26.6	23.5	-2.7
2020-06	-7.3	-11.2	-15	-3.1	-5	-53.7	17.9	-2.8
2020-07	-5.7	-7	-13.9	-1.2	-4.7	-42.9	14	-2.6
2020-08	-3.5	-6.1	-11.9	0.2	-5.5	-38.6	0.2	-3.5
2020-09	-1.8	-1.1	-9.4	1.8	-4.9	-33.7	-3.5	-3.9
2020-10	-0.5	2.3	-7.3	3.1	-5.5	-27.5	-4.8	-3.8
2020-11	0.8	4.4	-5	4.3	-6	-9.5	-8.2	-4.5
2020-12	1.8	4.1	-3.2	5.2	-6.7	-27.2	-9.9	-3.3
2021-02	64.6	182.6	57.2	59.5	9.3	-58.3	-30.3	7.9
2021-03	49.2	116.7	45.5	40.2	5.3	194.4	-30.6	3.5
2021-04	41.7	78.9	44	33.9	4.5	181.8	-32.5	2.9
2021-05	38.2	63.6	45.8	30.5	4	70.4	-32.6	1.4
2021-06	34.6	52.3	46.9	28.2	4.1	35.6	-29.4	2
2021-07	31.7	43.9	48	25.5	1.2	17.4	-29.3	2.3
2021-08	30	42.3	47	23.5	1.8	9.3	-26.8	2
2021-09	27.7	35.7	45.5	21.2	1.8	7.8	-23.7	2.7
2021-10	25.6	31.9	44	19.4	1.3	-1.6	-22.4	3.2
2021-11	23.8	31.6	41.8	17.5	2.8	9.2	-21	4.5
2021-12	22.3	28.7	39.9	16	4.7	-1.2	-18.6	5.5

续表

	电气机械及器材制造业				计算机、通信和其他电子设备制造业			
	收入	利润	出口交货值	工业增加值	收入	利润	出口交货值	工业增加值
2020-02	-25.5	-68.2	-19.4	-24.7	-14.7	-87	-17.2	-13.8
2020-03	-21.6	-47	-8.9	-12.9	-7.5	-12	-5.8	-2.8
2020-04	-13.3	-22.9	-5.6	-5.8	-1.6	15	-1.5	1.8
2020-05	-9.6	-11.6	-4.6	-2.8	1.3	34.7	1.5	3.7
2020-06	-6.3	-6.4	-3.6	-0.3	4.6	27.2	4	5.7
2020-07	-4.2	-4	-2.3	2.5	6.5	28.7	5.1	6.7
2020-08	-2	-1.3	-1.3	4.1	7.3	26.1	5.6	7
2020-09	0.4	2.9	0	5.6	7.4	15.5	4	7.2
2020-10	2	3.5	1.3	7	7.2	12.6	4.3	6.9
2020-11	3.6	6.6	3	8.1	7.8	15.7	5.4	7.2
2020-12	4.5	6	4.4	8.9	8.3	17.2	6.4	7.7
2021-02	72.8	430.8	56	69.4	55.8	5891.5	48.3	48.5
2021-03	56.5	166.7	40.2	45.3	39.6	141.4	31.1	30
2021-04	46.8	85.8	35.3	37.9	31.2	86.2	25.6	24.2
2021-05	40.8	49.8	32.3	33.5	25.8	49.3	21.3	21.5
2021-06	36.4	36.1	29.9	29.4	22.1	45.2	17.6	19.8
2021-07	32.9	30.2	27.2	26.2	19.3	43.2	15	18.7
2021-08	30.8	24.1	25.9	23.8	17.4	34.8	14.3	18
2021-09	27.5	16	24.4	21.4	16.3	38.7	14.8	16.8
2021-10	26.2	14.6	23.5	19.5	15.1	34.3	13.4	16.5
2021-11	25.1	13.3	22	18.2	14.7	29.8	12.6	16.2
2021-12	23.7	12.2	21.7	16.8	14.7	38.9	12.7	15.7

数据来源：国家统计局网站。

汽车制造业呈现出前高后低的发展态势。2021年，第一季度汽车制造业生产呈现迅猛增长势头，第二季度以来，在去年疫情后恢复期的高基数、芯片短缺影响不断扩大以及重型柴油车国六排放标准切换前的透支作用下，汽车市场增势逐步减弱，下半年表现明显不如上半年。2021年，汽车制造业工业增加值同比增长5.5%，增幅较2021年上半年和第一季度减少16.3个和49.6个百分点。2021年，汽车产销分别完成2608.2万辆和2627.5万辆，同比分别增长3.4%和3.8%，其中新能源汽车产销分别完成354.5万辆和352.1万辆，同比均增长1.6倍。受国际市场的恢复、中国品牌竞争力提升等因素推动，我国汽车出口表现出色。从4月以来，连续5个月不断刷新历史纪录，

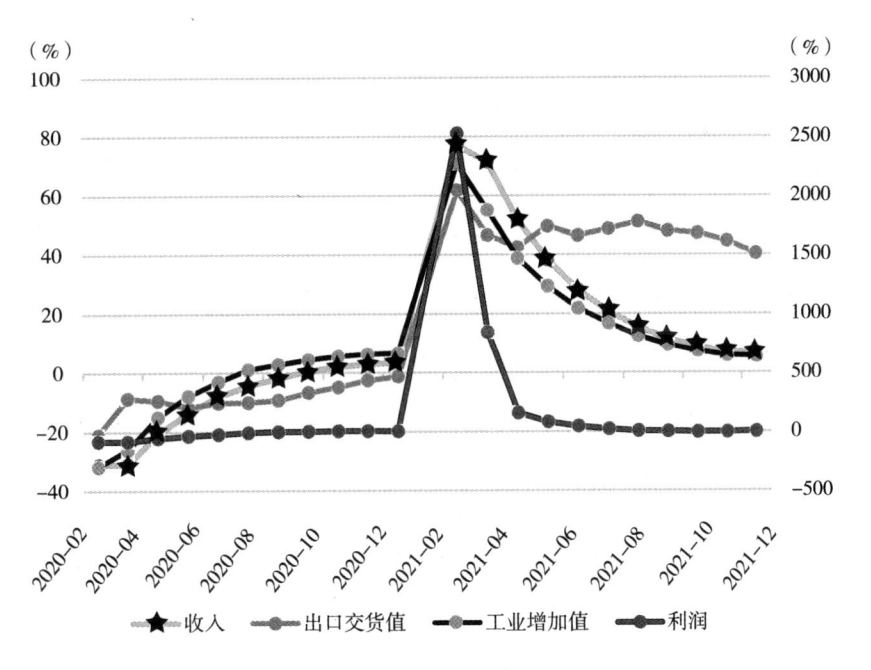

图2-2 汽车制造业主要指标累计增速

注：左侧轴为收入、出口交货值和工业增加值增速，右侧轴为利润增速。

数据来源：国家统计局网站。

10月、11月出口超过20万辆,全年汽车整车出口201.5万辆,同比增长1.0倍,特别是新能源汽车出口31.0万辆,同比增长3.0倍。2021年制造业出口交货值由负转正,同比增长40.3%。2021年,由于原材料价格持续保持高位运行,汽车制造业利润同比仅增长1.9%,低于收入增长(6.7%)。

(三) 消费品工业

纺织服装行业呈现恢复性增长态势。2021年,随着全球疫苗接种加快推进,国内新冠肺炎疫情防控形势总体稳定,我国纺织行业面临的市场环境有所改善,经济运行呈现恢复性增长态势。从工业增加值来看,2021年,纺织服装、服饰业,皮革、毛皮、羽毛及其制品和制鞋业工业增加值由上年负增长转为正增长,纺织业,纺织服装、服饰业,皮革、毛皮、羽毛及其制品业工业增加值同比分别增长1.4%、8.5%和8.6%,增速较2020年分别增加0.7个、17.5个和20.3个百分点。从利润来看,纺织业,纺织服装、服饰业,皮革、毛皮、羽毛及其制品和制鞋业利润同比分别增长4.1%、14.4%和1.5%,纺织业利润增速较2020年减少5.8个百分点,而纺织服装、服饰业,皮革、毛皮、羽毛及其制品和制鞋业利润实现了由负转正增长。从出口交货值看，由于国际经济复苏，2021年纺织服装行业出口增速由上年负增长转为正增长。纺织业，纺织服装、服饰业，皮革、毛皮、羽毛及其制品和制鞋业出口交货值同比分别增长4.7%、5.2%和8.3%，降幅较2018年扩大1.2个百分点。

表2-7　　纺织业和纺织服装、服饰业主要指标累计增速　　单位：%

	纺织业				纺织服装、服饰业			
	收入	利润	出口交货值	增加值	收入	利润	出口交货值	增加值
2020-02	-30.5	-59.3	-27.5	-27.2	-28.1	-42.1	-26.5	-28.9
2020-03	-26	-38.8	-20.2	-16.8	-23.5	-43.5	-23.4	-19.7
2020-04	-19.8	-19.8	-21.3	-10.6	-18.5	-34.8	-21.5	-15
2020-05	-17	-10.3	-21.1	-6.7	-16.9	-29.2	-21.8	-12.8
2020-06	-15.6	-5.6	-19	-4.5	-16.4	-27.4	-22.5	-12.2
2020-07	-13.4	-3	-17.1	-3.7	-15	-26.3	-21.8	-11.9
2020-08	-11.8	1.6	-14.8	-2.8	-14.4	-25.6	-21.3	-11.4
2020-09	-10.5	4.8	-12.5	-1.7	-13.5	-22.9	-20.3	-10.6
2020-10	-8.7	7.6	-11.2	-0.5	-12.9	-21.3	-19.8	-10
2020-11	-7.4	7.5	-9.4	0.2	-12.4	-20.8	-19.3	-9.6
2020-12	-6.7	7.9	-8.9	0.7	-11.3	-21.3	-18.1	-9
2021-02	38.9	142.5	31.7	39.5	21.4	42.9	15.2	26.6
2021-03	27.3	40.4	20.6	22.5	16.5	43.3	10	17.5
2021-04	22.4	16.6	22.1	16.1	13.4	37.9	8.3	14.1
2021-05	19.8	4.7	20.5	10.8	13.3	27.9	8.3	11.7
2021-06	18.9	2.3	17.3	8.2	13	13.9	7.1	10.9
2021-07	15.9	4.2	12.7	6.6	11	9.8	6.6	10.4
2021-08	14.4	2.3	8.5	5.2	9.6	9.5	6.1	9.9
2021-09	12.8	1.4	6.1	3.7	9	5.5	5.5	9.2
2021-10	11	1.9	5.2	2.5	8.3	4.6	5.8	9.1
2021-11	10.2	4.6	4.5	1.8	7.7	12.6	5.6	8.9
2021-12	10	4.1	4.7	1.4	6.5	14.4	5.2	8.5

数据来源：国家统计局网站。

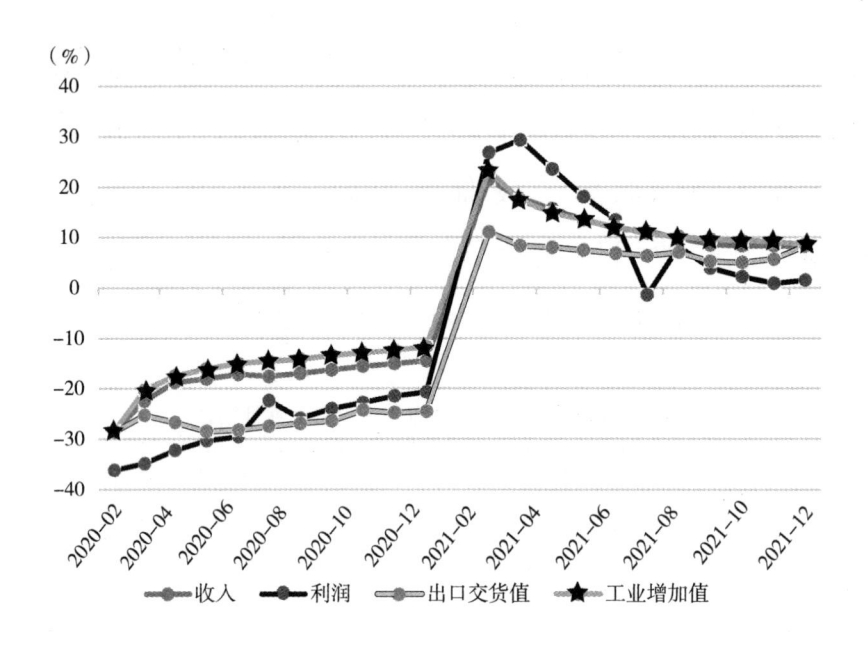

图 2-3 皮革、毛皮、羽毛及其制品和制鞋业主要指标累计增速

数据来源：国家统计局网站。

食品行业生产呈现恢复性增长。2021年，食品行业包含的四个分行业工业增加值增速较上年均有所回升。农副食品加工业，食品制造业，酒、饮料和精制茶制造业，烟草制造业工业增加值同比分别增长7.7%、8%、10.6%和3.5%，增速较2020年分别增加9.2个、6.5个、13.3个和0.3个百分点，增速较2021年上半年则分别减少3个、1.9个、2.7个和0.6个百分点。

食品行业经济效益分化。2021年，由于原材料价格上涨等因素影响，农副食品加工业和食品制造业出现了增收不增利的现象，即农副食品加工业和食品制造业收入同比分别增长12.6%和10%,而利润则同比分别下降9.2%和0.1%。酒、饮料和精制茶制造业,烟草制品业利润同比分别增长13.1%和3.3%,增速较2020年分别增加15.2个和减少22.1个百分点。

食品行业出口回落。2021年,食品行业包含的四个分行业出口交货值除烟草制品业延续上年减少外,其余三个分行业出口均有不同程度的增长。其中,食品制造业出口交货值实现了两位数增长,达到了14.5%,增速较2020年和2021年上半年分别增加22.3个和9.3个百分点;农副食品加工业,酒、饮料和精制茶制造业出口交货值同比分别增长3.5%和3.4%,增速较2021年上半年分别增加2.4个和2.5个百分点,较2020年分别增加13.5个和16.5个百分点。

表2-8　　　　　食品行业主要指标累计增速　　　　单位:%

	农副食品加工业				食品制造业			
	收入	利润	出口交货值	增加值	收入	利润	出口交货值	增加值
2020-02	-10.6	2.2	-11.6	-16	-15	-33.5	-17.5	-18.2
2020-03	-6.3	11.2	-6.9	-11.1	-7.8	-27.4	-7.4	-7.9
2020-04	-1	20	-4.1	-7	-2.5	-13	-2.3	-3.3
2020-05	0.5	19	-3.9	-5.5	0.1	-2.5	-1.1	-1
2020-06	0.7	14.8	-4.2	-4.9	1	4	-1.1	-0.5
2020-07	1.3	20.1	-3.7	-4.4	1.7	8.5	-0.8	-0.1
2020-08	1.6	17.7	-4.4	-4.2	1.8	10.8	-2	0
2020-09	2.4	16.7	-4.8	-3.4	2.4	11.9	-1.4	0.8

续表

	农副食品加工业				食品制造业			
	收入	利润	出口交货值	增加值	收入	利润	出口交货值	增加值
2020-10	2.6	14.6	-5.2	-2.5	2	10	-0.8	1.3
2020-11	2.3	8.9	-8.5	-1.9	2	6	-5.9	1.4
2020-12	2.2	5.9	-10	-1.5	1.6	6.4	-7.8	1.5
2021-02	33.9	45.8	6.9	22.8	31.6	68.4	18.3	28.8
2021-03	26	28.9	1	15.2	23.2	52.1	10	17.4
2021-04	20.9	16.6	0.4	11.8	17.2	27.6	5.8	12.7
2021-05	19.5	11	0	10.9	14	16.3	5.5	10.7
2021-06	18.8	5.4	1.1	10.7	12.6	10.4	5.2	9.9
2021-07	17.4	0.7	-0.6	10	11.5	4.4	3.3	9.1
2021-08	16	-4	-0.5	9.6	10.8	1	4	8.8
2021-09	14	-7.1	-0.6	8.6	9.7	-0.6	4	7.9
2021-10	13.3	-10	-0.2	8	9.5	-3.5	4.8	7.8
2021-11	13.4	-7.2	2.1	7.9	9.6	-1.7	11.2	7.9
2021-12	12.6	-9.2	3.5	7.7	10	-0.1	14.5	8

	酒、饮料和精制茶制造业				烟草制品业			
	收入	利润	出口交货值	增加值	收入	利润	出口交货值	增加值
2020-02	-19.9	-21.9	-11	-23.6	9	31.5	25.6	6.9
2020-03	-15.6	-11.2	12.4	-14.7	7.7	28.5	-10.9	9.6
2020-04	-11.6	-8.9	-7.2	-11	7.8	22.6	-26.3	7.3
2020-05	-9.3	-9.6	-11	-8.1	6.6	28.1	-42.1	5.6
2020-06	-6.4	-2.9	-10.9	-6.1	5.9	24.2	-44.4	6.4
2020-07	-5.4	-1	-12.9	-5.4	5.5	22.8	-44.4	5.8
2020-08	-5.1	-0.5	-15.1	-5.2	4.6	26.7	-48.1	5.2
2020-09	-3.5	4.4	-11.1	-4.3	5.1	26.6	-50.4	5.1
2020-10	-3.1	5.1	-8	-3.7	4.3	28.3	-53.2	4
2020-11	-2.7	5.6	-10.8	-3.2	3.3	33.3	-53.9	3.6

续表

	酒、饮料和精制茶制造业				烟草制品业			
	收入	利润	出口交货值	增加值	收入	利润	出口交货值	增加值
2020-12	-2.6	8.9	-12.9	-2.7	3.1	25.4	-55.2	3.2
2021-02	34.1	66	2.1	28.7	19.7	27.1	0.6	19.6
2021-03	30.3	44.1	-10.6	23.2	13	18.7	-8.1	7.4
2021-04	25.5	39.2	-1.9	19.3	10.5	17.4	-20	5.9
2021-05	21.7	38.6	0.6	16.2	8.9	15.6	-20.3	5.4
2021-06	18.3	29.7	-0.9	13.3	7.9	14.1	-22.3	4.1
2021-07	16.5	27.3	0.7	12.3	7.3	9.5	-21.5	5.1
2021-08	15.1	24.9	0.3	11.6	7.2	8.2	-46.9	5.5
2021-09	13.4	21.3	-0.9	10.5	7.1	5	-32.5	5
2021-10	12.7	21.2	-0.7	10.3	6.6	5.3	-29.2	5.5
2021-11	12.8	20.9	2.2	10.5	6.8	4	-26.3	4.7
2021-12	13.1	24.1	3.4	10.6	6.6	3.3	-24	3.5

数据来源：国家统计局网站。

医药制造业处于较高增长。在市场需求的强劲支撑下，我国医药制造行业处于较高的增长态势。2021年，医药制造业出口交货值同比增长24.8%，增速较2021年上半年减少4.8个百分点，较2020年增加18.9个百分点。医药制造业收入和利润同比分别增长20.1%和77.9%，增速较2021年上半年分别减少7.9个和10.9个百分点，但增速较2020年增加15.6个和65.1个百分点；而出口交货值同比增加64.6%，增速较2020年和2021年上半年分别增加28个和11.1个百分点。

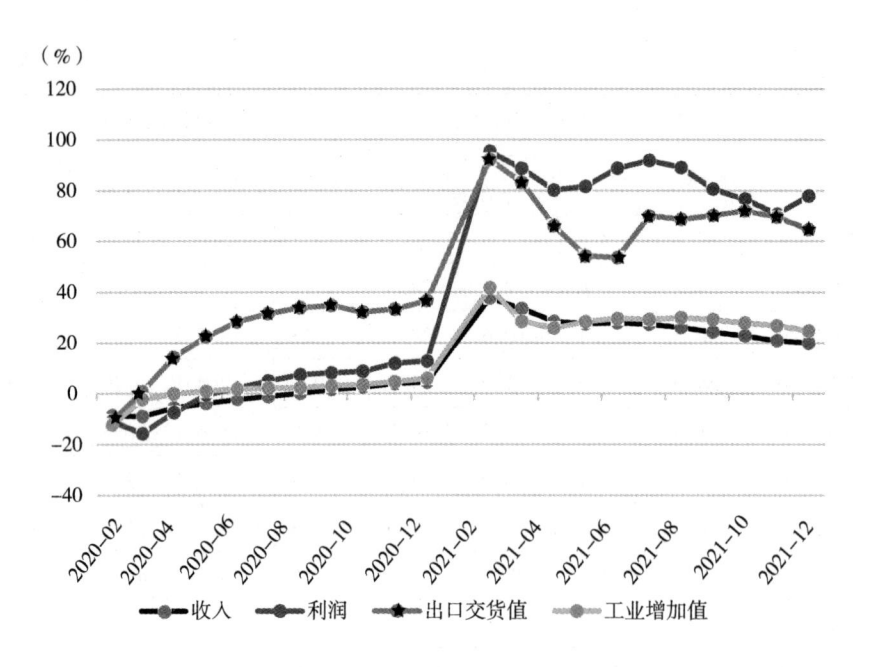

图 2-4 医药制造业主要指标累计增速

数据来源：国家统计局网站。

三 工业经济增长预测

(一) 国内外经济环境分析

1. 国内形势分析

2021年是"十四五"规划的开局之年,面对新冠肺炎疫情的反复,党中央、国务院果断部署、精心策划,采取多种措施成功遏制疫情,推动经济修复和稳增长。2021年国内生产总值(GDP)114.4万亿元,增长12.84%,实现疫情危机中的强劲反弹。按年平均汇率折算,GDP达17.7万亿美元,稳居世界第二位,占全球经济比重超过18%,人均国内生产总值突破1.2万美元。2021年规模以上工业增加值同比增速9.6%,两年平均增速为6.1%。两年平均增速较2019年增速5.7%高出0.4个百分点,表明2021年的强劲复苏已在很大程度上弥补疫情造成的产能下降。随着新发展阶段新发展理念的贯彻落实、新发展格局的加快构建、经济高质量发展的持续推进,中国工业经济在宏观经济政策稳字当头的总基调下仍将呈现持续强劲增长态势。

(1) 创新动能加速释放，工业高质量发展可期

制造业创新动能加速释放，推动工业高质量发展。制造业是技术创新的主战场，是研发投入最集中、创新最活跃、成果最丰富的领域。2021年，全社会研究与试验发展（R&D）经费支出比上年增长14.2%，增速比上年加快4个百分点；基础研究经费比上年增长15.6%，占研发经费支出的比重为6.09%；研发经费支出与GDP之比达到2.44%，再创新高，比上年提高0.03个百分点，已接近OECD国家疫情前2.47%的平均水平。世界知识产权组织2021年发布的全球创新指数（GII）显示，我国科技创新能力在132个经济体中位列第12位，稳居中等收入经济体首位。以5G、大数据、互联网、云计算、人工智能为代表的新一代信息技术与传统制造业加速深度融合，从生产方式、组织管理和商业模式等多维度重塑制造业，成为新一轮科技革命和产业变革的焦点，在这一过程中，制造业创新活力不断被激发，创新动能持续释放。

国家发展改革委员会、工业和信息化部印发的《关于振作工业经济运行 推动工业高质量发展的实施方案》提出从畅通循环体系、激发内需潜力、提升产业竞争力、优化综合支持方式、加强部门有效协同、强化工业运行监测六个方面推进工业高质量发展的方案。未来，依托新一代信息技术，叠加宏观政策的强有力支持，产业基础高级化、产业链供应链现代化，以及制造业数字化、信息化、高端化、智能化、绿色化、低碳化转型发展等将系统推进和逐步实现，工业高质量发展可期。

（2）消费呈现恢复性增长态势，消费升级赋能工业转型升级

消费呈现恢复性增长态势，消费升级趋势明显，线上消费比重提升。根据国家统计局发布数据，2021年我国社会消费品零售总额440823亿元，比上年增长12.5%；两年平均增长3.9%（如图3-1所示）。按经营单位所在地分，城镇消费品零售额381558亿元，增长12.5%；乡村消费品零售额59265亿元，增长12.1%。按消费类型分，商品零售393928亿元，增长11.8%；餐饮收入46895亿元，增长18.6%。基本生活消费增势较好，限额以上单位饮料类、粮油食品类商品零售额比上年分别增长20.4%、10.8%。升级类消费需求持续释放，限额以上单位金银珠宝类、文化办公用品类商品零售额分别增长29.8%、18.8%，智能类、潮流类、健康类等产品在内的个性化消费商品零售额大幅增长，家居智能设备销售额同比增长90.5%，智能腕表、智能眼镜等智能穿戴用品销售额同比分别增长36.3%、26.8%,凸显消费升级的巨大潜力。消费者不再只关注商品的质量、基本性能,而且更关注商品本身的个性化特征、附加价值、文化内涵,希望通过个性化消费来体现自身品位,诸如健康、绿色、低碳、高品质的商品将越来越受到消费者的青睐,这对企业转型发展既是挑战,也是机遇。受疫情影响,线下消费活动受到较大限制,许多商家转战线上、开启网络直播带货等新营销模式,线上消费持续保持高速增长态势,2021年全年全国网上零售额130884亿元,比上年增长14.1%。其中,实物商品网上零售额108042亿元,增长12.0%,占社会消费品零

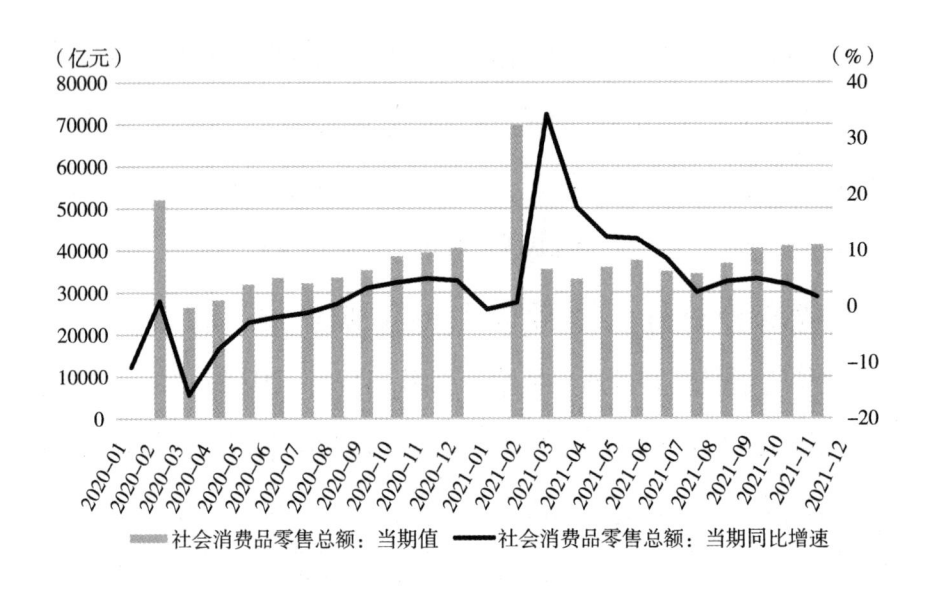

图 3-1 社会消费品零售额和增速

数据来源:中经网统计数据库。

售总额的比重为24.5%。线上消费习惯一旦形成，预期在疫情彻底消除后仍将保持。

内需是我国经济增长的"压舱石"和"稳定器"，消费是内需的重要构成，消费升级对于经济结构调整和工业企业转型升级具有重要导向和支撑作用。双循环新格局下，企业要紧紧围绕扩大内需战略，精准对接内需，实现按需生产与转型发展：在现有业务基础上进行市场延伸、技术延伸；从单一化走向多元化；从多元化的"大而全"转向专注某一细分领域的"小而精"；从低端产品生产转向中高端产品生产；从大众化产品转向小众化产品；从批量制造转向柔性制造；从传统制造商转向解决方案提供商；从传统售后管理转向全生命周期价值管理；从"等级式"组织构架、"孤岛型"企业转向扁平化管理、平台型企业；兼并式重组、并购式重组等。

从居民消费价格指数CPI看，2021年全年全国居民消费价格指数（CPI）比上年上涨0.9%，低于全年3%左右的预期目标，实现物价稳定。这既与全年工业生产者出厂价格（PPI）同比上涨8.1%形成鲜明对比，PPI-CPI"剪刀差"扩大；也与全球通货膨胀持续升温、流动性泛滥、国际大宗商品供需失衡等形成鲜明对比，反映我国经济的强大韧性和宏观调控政策的灵活性、有效性。

(3) 投资增长趋势向好，工业投资"压舱石"作用凸显

根据国家统计局数据，2021年全国固定资产投资（不含农户）完成额544547亿元，同比增长4.9%，较2019年增长8.0%，两年平均增长3.9%。如图3-2所示，2021年固定资产投资增速在第一、第二季度出现月均20%左右的强势增长，第三、第四季度逐渐回落，这主要是由于2020年新冠肺炎疫情冲击导致的各季度固定资产投资额异动的结果，即第一季度固定资产投资为负增长，第二季度随着复工复产持续推进，固定资产投资稳步提升，第三季度固定资产投资增速实现由负转正，并于第四季度继续大幅反弹。因此，对于2021年数据的解读，应将累计增速进行两年平均予以平滑，本报告通过求平方根函数（SQRT）计算后得到2020—2021年的月平均增速分别为：1.0%、2.7%、3.7%、4.0%、4.5%、4.2%、4.2%、4.0%、3.9%、3.9%、3.9%，年平均增速为3.9%，与2019年的5.4%比虽有所下滑，但仍在合理运行区间。分产业投资看，第一产业投资14275亿元，比上年增长9.1%；第二产业投资167395亿元，增长11.3%；第三产业投资362877亿元，增长2.1%。第二产业中，工业投资比上年增长11.4%，其中，制造业投资增长13.5%，采矿业投资增长10.9%，电力、

热力、燃气及水生产和供应业投资增长1.1%，足见工业投资在国家应对重大风险过程中的"压舱石"作用。

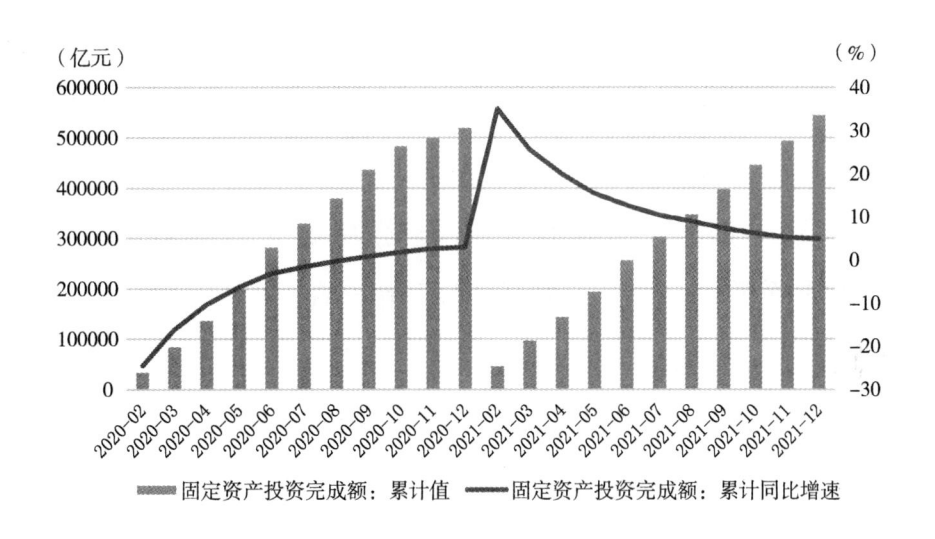

图 3-2 国内固定资产投资累计完成额和增速

数据来源：中经网统计数据库。

2021年全国房地产开发投资147602亿元，比上年增长4.4%；比2019年增长11.7%，两年平均增长5.7%。其中，住宅投资111173亿元，比上年增长6.4%。2021年12月，房地产开发景气指数为100.36。2021年是房地产行业的关键转折之年，房地产调控政策持续收紧，调控内容更加细化，调控机制不断完善。2021年7月30日中共中央政治局会议强调，坚持"房住不炒"和"稳地价、稳房价、稳预期"调控目标不变。随之而来的金融调控收紧、房企融资"三道红线"、以全体人民住有所居为导向的保障性住房建设、房地产税试点、房地产市场（地产开发、房屋买卖、住房租赁、物业服务领域）秩序整顿、"两集中"土拍规则调整、城市更新行动防止大拆大建等一系列调控机制和政策不断完善。预期未来房地产行业将会在稳增长、防风险、保民生之间寻求平衡发展。

2021年尽管面临百年未有之大变局，国际环境异常复杂严峻，全球疫情仍在肆虐，在一定程度上制约着投资增长。但从上述数据看，我国作为世界上最大的发展中国家，投资潜力、空间和动力依旧很大。例如，我国人均基础设施资本存量只相当于发达国家的20%—30%，需扩大有效投资发展；不平衡不充分问题须通过大量偏远地区、薄弱环节的基础设施和民生领域补短板投资；经济结构转型升级发展须推动创新投资、企业R&D投入、技改投入；数字经济、低碳转型、绿色发展等需要适度超前地开展基础设施投资。

（4）对外贸易表现抢眼，稳外贸稳外资成效显著

外贸对于我国宏观经济运行和工业经济开新局至关重要。但全球新冠肺炎疫情冲击、贸易逆全球化、贸易保护主义、种族主义、民粹主义、单边主义思潮涌动，以美国为首的西方国家挑起贸易战、科技战、金融战，各国出于安全考虑加速布局本国产业链供应链，能源与大宗商品价格持续上涨，物流成本、原材料成本高居不下，多重因素叠加导致全球经济复苏乏力，全球贸易面临前所未有的挑战。然而，出人意料的是，在统筹疫情防控和经济社会发展、扎实推进"六稳"、全面落实"六保"和"稳住外贸外资基本盘"的战略部署推动下，2021年我国对外贸易表现抢眼，货物进出口总额创历史新高，稳外贸稳外资成效显著。

根据海关发布数据，2021年货物进出口总额39.1万亿元，比上年增长21.4%，两年平均增长11.3%；按美元计价，我国贸易规模达6.05万亿美元，占世界市场份额继续提升；出口增长21.2%，进口增长21.5%。如图3-3所示，2021年2月份进出口总额出现下滑外，从3月份起，进口、出口和进出口总额均呈现快速上涨态势。2021年货物贸易进出口总额较2020年增加6.9万亿元，相当于2005年全年外贸规模。2021年一般贸易进出口24.08万亿元，增长24.7%，其中，出口13.24万亿元，增长24.4%；进口10.84万亿元，增长25%。2021年具有进出口实际业务的企业共56.7万家，较上年增加3.6万家。其中，民营企业进出口19万亿元，增长26.7%，占48.6%；外商投资企业进出口14.03万亿元，增长12.7%；国有企业进出口5.94万亿元，增长27.7%。2021年出口机电产品12.83万亿元，增长20.4%，占出口总值的59%，其中自动数据处理设备及其零部件、手机、汽车分别增长12.9%、9.3%、104.6%。

2021年进口机电产品7.37万亿元，增长12.2%，占进口总值的42.4%，其中集成电路进口增长15.4%。与此同时，我国对"一带一路"沿线国家进出口增速喜人。2021年中国对前五大贸易伙伴——东盟、欧盟、美国、日本和韩国的进出口总额分别为5.67万亿元、5.35万亿元、4.88万亿元、2.4万亿元和2.34万亿元，分别增长19.7%、19.1%、20.2%、9.4%和18.4%。2021年实际使用外资11494亿元，规模再创新高，同比增长14.9%；高技术产业实际使用外资同比增长17.1%，其中高技术制造业增长10.7%，高技术服务业增长19.2%；东中西部引资同比分别增长14.6%、20.5%和14.2%。

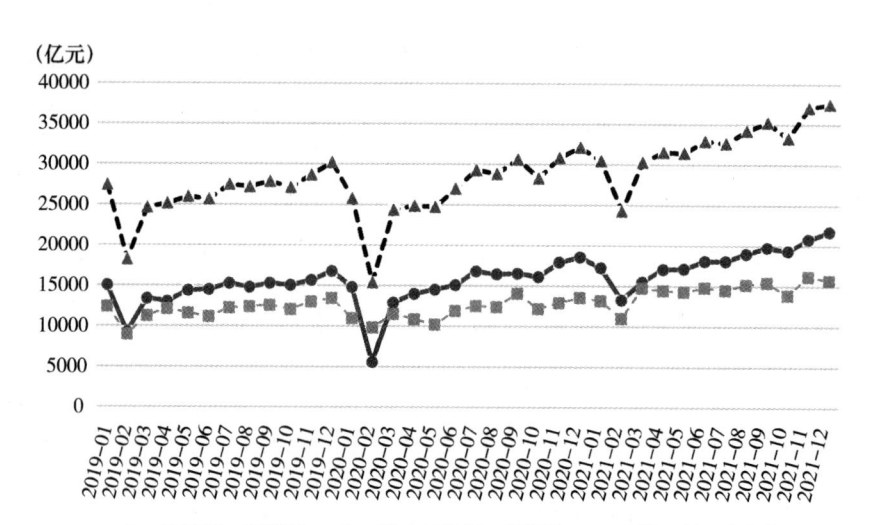

图3-3 中国进出口总额增长状况

数据来源：中经网统计数据库。

2021年对外贸易快速增长为"十四五"开了好局。展望2022年，全球外贸依旧面临疫情形势严峻、国际需求收缩、复苏放缓等问题，存在较大的不确定性、不稳定性、非均衡性。叠加我国经济发展面临需求收缩、供给冲击、预期转弱三重压力，以及2021年外贸基数较高的客观现实，2022年对外贸易将承受较大压力，但也要看到我国具有超大规模内需市场优势，经济韧性强，长期向好的基本面不会改变，因此稳住外贸外资基本盘底气足。以广东为例，其外贸总额占到全国近1/4，2022年开年伊始，粤港澳大湾区广州港南沙港区的大量集装箱船紧锣密鼓地装载货物。

（5）宏观经济面临三重压力，但财政货币政策具有充足的应对空间

尽管当前我国经济发展面临需求收缩、供给冲击、预期转弱的三重压力，但我国货币政策和财政政策的调整空间相对宽裕，积极的逆周期调控政策将有助于应对三重压力的挑战，维护经济企稳复苏。2021年12月召开的中央政治局会议提出2022年稳增长任务，预计2022年财政政策、货币政策都将更加积极有为。从全球视角看，中美长短期利差始终保持在历史高位，意味着2022年美元即使加息，我国货币政策仍有较大的应对空间。财政政策方面，2021年我国财政收入突破 20 万亿元，累计增速高达 10.7%，2020—2021 年平均增速达到 3.4%，与 2019 年的同期值基本持平。值得注意的是，这一收入是在 2021 年累计减税降费超 1 万亿元的基础上实现的，表明即使 2022 年实施更大力度减税降费组合拳，财政收入仍能承受。政府债务方面，2021 年全国发行地方政府债券 74898 亿元，平均发行期限 11.9 年，平均发行利率 3.36%。其中发行额方面，一般债券 25669 亿元、专项债券 49229 亿元；发行期限方面，一般债券 7.7 年、专项债券 14.2 年；发行利率方面，一般债券 3.26%、专项债券 3.41%；债务资金使用方面，近半数投向交通、市政等城市基础设施领域，其次是用于医疗卫生、教育等社会事业项目、保障性住房以及能源、物流等重大基础设施项目，有力地支撑了基础设施投资的触底反弹。随着财政部强化专项债资金使用管理，对专项债项目审核把关趋严，但专项债额度释放将更为积极。2022 年积极的财政政策将更为注重精准化、可持续性，减税降费组合拳将进一步降低实体经济成本，基建投资将带动一系列相关产业发展。在积极的财政政策和稳健的货币政策支持下，制造业预期将维持在高位，经济复苏将持续发力。

2. 国际形势分析

(1)"疫苗"屏障下新冠肺炎疫情对全球经济的冲击有望减弱,但国家间复苏进度分化

新冠肺炎疫情持续蔓延,新增确诊数创新高,但随着"疫苗"屏障逐步建立,疫情对经济的冲击将得到一定缓释。2021年全球新冠肺炎疫情超乎所有人意料,不仅疫情没有得到很好控制,反而新增确诊数再创历史新高(2021年12月全球单周新增确诊超1000万例),从德尔塔到奥密克戎新型新冠病毒毒株接连出现,给各国抗疫带来严峻挑战,疫情传播有进一步恶化的趋势。根据世界卫生组织数据,截至2021年年底,全球累计新冠确诊人数约为2.87亿人,累计死亡人数约543万人,平均死亡率1.89%,奥密克戎毒株已传播至全球110个国家和地区。累计确诊人数超过100万人的国家达44个,累计确诊总数约为2.44亿人,约占世界确诊总数的85%。累计确诊人数超1000万人的国家有6个,依次为:美国5454万人,印度3483万人,巴西2228万人,英国1301万人,俄罗斯1032万人,法国1007万人。

严峻形势之下,加快疫苗接种成为抗疫的关键。全球(尤其是发达经济体)已大规模推广疫苗,截至2021年12月,全球平均每百人接种疫苗为116.17剂,其中发达经济体平均每百人接种疫苗为160余剂，古巴每百人接种疫苗最高（为267.5剂），中国每百人接种疫苗为196.16剂，超过美国、英国、法国、德国、日本等发达国家，全球已基本形成一定的疫苗"屏障"。然而，值得注意的是全球疫苗分配不公造成的"免疫鸿沟"问题，低收入国家只有5%的人口完成疫苗接种，而美国等发达国家则超量囤积疫苗，给全球疫情防控带来巨大挑战。2022年，世界各国能否在疫情防控中团结合作，以美国为首的发达国家能否承担其应有责任，在一定程度上决定了疫情的走向。"新冠疫苗实施计划"疫苗独立分配小组呼吁，到2022年中应在全球所有国家实现70%的疫苗接种覆盖率。中国迄今已向120多个国家和国际组织提供近20亿剂疫苗，占中国以外全球疫苗使用总量的1/3，成为对外提供疫苗最多的国家，体现了大国的责任与担当。尽管疫苗难以完全阻断疫情的传播，但可大幅降低死亡率和重症概率，因此，可预见因疫情而封城停工停产的情况也不会再成为疫情防控的主流措施，疫情对经济的冲击也将逐渐减弱。

在新冠肺炎疫情影响下，全球经济仍将继续分化，疫苗研发普及进程将是决定经济复苏快慢的关键。发达国家拥有雄厚的资源优势，可能先于发展中国家实现经济复苏，"南北"国家之间的差距将继续扩大。

中国社会科学院学部委员李扬指出，发展中国家对全球供应链波动、需求下降、旅游业停滞的承受力较弱，在缓慢复苏进程中也显示出很大的脆弱性，疫情使发达国家与发展中国家经济进一步分化。世界银行高级经济学家 Patrick Kirby 指出，即使世界经济能够缓慢恢复，但恢复水平可能有限，可能回不到病毒流行前的增长水平。然而根据国际货币基金组织（IMF）的预测，2022 年全球经济增速将达到 4.9%，超出疫情前 10 年全球经济 3.5% 的平均增速。总体而言，2022 年全球经济增长预期会保持温和增长，但是各国会呈现不同步的周期性增长。

（2）全球经济政策不确定性风险明显缓释，但仍存在长期低迷风险

尽管多重不确定性因素叠加，但在全球疫情防控常态化、各国宏观经济政策强刺激的情况下，全球经济政策不确定性风险得到缓释。如图 3-4 所示，2021 年全球经济政策不确定性指数（GEPU Index）[①] 较 2020 年显著下降，且波动性不大，2021 年 1 月最高，为 288.9，后持续下降，至 2021 年 6 月为 187.6，后维持在 200 上下。2021 年 11 月全球经济政策不确定性

[①] 数据来源：https://www.policyuncertainty.com/global_monthly.html，方法引自：Davis, Steven J., 2016. "An Index of Global Economic Policy Uncertainty", *Macroeconomic Review*, October。

指数均值为217.9，较2019年同期下降18.4%，较2020年同期下降34.0%。2021年贸易政策不确定性指数（TPU Index）持续下降，2019年、2020年、2021年全球贸易不确定性指数分别为154.33、75.75、49.60，其中2020年相较于2019年下降了50.8%，2021年相较于2020年下降了34.5%。① 贸易政策不确定性的下降预期会促进贸易国双方企业进入出口市场，带来出口产品价格下降，鼓励多产的、能以更低价格出口的企业进入市场，会促进外资企业和出口市场新进入者的产品创新和质量提升。贸易政策不确定性的下降也可能会促进贸易国全要素生产率的增长、就业率的下降、移民率的增加、社会福利的扩大、宏观经济的复苏、制造业与服务业的回暖。

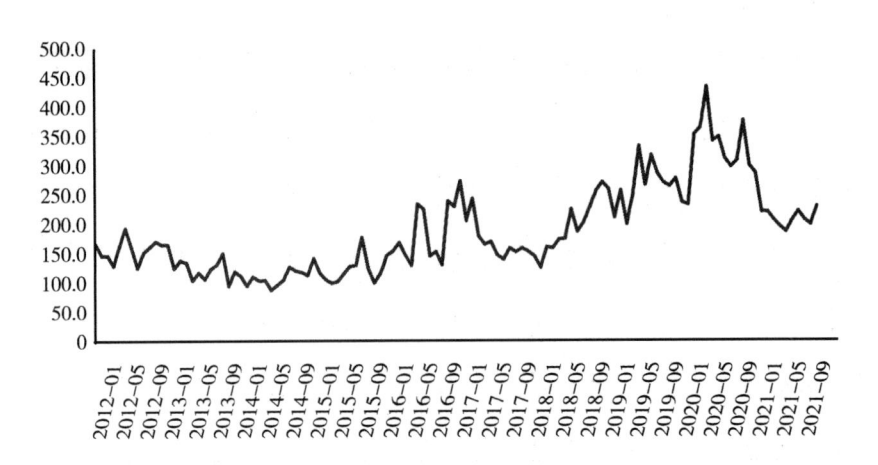

图3-4 2012—2021年全球经济政策不确定性指数

---

① 数据来源：https：//www.matteoiacoviello.com/tpu.htm#data。

2021年世界经济出现显著反弹的主要原因是上年增长基数相对较低，疫苗普及促进疫情防控，加之美国拜登政府上台在一定程度上利好美国疫情防控、国际抗疫合作和经济联通。但考虑到2022年春节疫情仍有进一步蔓延的态势，且新型新冠病毒毒株的变异性与不确定性、疫苗全面普及的时效性以及2020年以来各国为应对疫情而实施的积极财政政策和货币政策可能累积的流动性过剩风险和资产泡沫风险，世界经济仍存在长期持续性低迷的风险。2021年12月，国际货币基金组织（IMF）发布的最新一期《世界经济展望报告》显示，"将2021年全球增速预测值小幅下调至5.9%，将2022年的预测值保持在4.9%不变"。下调2021年全球增长预测值的原因是供应链中断导致发达经济体预测增速放缓，以及疫情恶化导致的低收入发展中国家的预测增速放缓。报告建议，在全球疫苗供给、大面积检测、新冠治疗研发投入、全球气候变化应对、全球资本流动性维护以及部分国家的债务减免等方面应加强多边合作，以挽救数百万人的生命，并推动全球经济更快复苏。各国应及时调整财政货币政策组合以推进可持续就业：在财政政策上根据疫情所处阶段，重点保障医疗卫生支出；在货币政策方面，紧盯就业和通胀压力，及时收紧货币政策以遏制价格上涨，或在劳动力市场不景气情况下保持货币宽松，释放透明、清晰的政策信号以稳预期。

（3）全球 GDP 总值排名前五国家加速布局先进制造业

2021 年全球 GDP 总值排名前五的国家分别是美国、中国、日本、德国和英国。美国 2021 年 GDP 总值为 22 万亿美元，占全球生产总值的 24.4%，主导产业均是金融业、高科技产业、能源出口和军火贸易四大高端产业链，具有高附加值、市场需求性强、价格波动性低、赚汇能力强、风险抵抗能力强等特点，目前还未有国家能在这些领域与之抗衡。但随着部分国家开始在一些核心经济领域崭露头角，美国试图通过发起各种贸易战、科技战来打压潜在竞争国，力保本国核心产业的核心竞争力地位。2022 年 2 月 4 日，美国众议院通过《2022 年美国竞争法案》（America COMPETES Act of 2022），批准近 3000 亿美元拨款用于支持研发，其中 520 亿美元用于支持半导体产业，包括半导体制造、汽车和电脑关键部件的研究。该法案还提出未来六年内投入 450 亿美元，缓解供应链短缺加剧的问题，旨在实现关键产业链的自给自足。可预见未来很长一段时间，美国仍将处于世界第一经济强国位置。

中国 2021 年 GDP 总值为 18 万亿美元，占全球生产总值的 17.9%，相当于美国 GDP 总值的 81%，是全球发展最快的国家，成绩亮眼。我国 GDP 构成较为完整、全面，其中强大的制造业、高新技术产业，以及建筑业、外贸业、装备贸易等是组成GDP的中坚力量。我国作为全球第一制造大国、产品大国、产业大国、贸易大国，被称为"世界工厂"，具有产业门类齐全、组织运作效率高的完整工业体系，能够独立生产绝大部分商品，加之近年来日渐崛起的高新技术产业，以及正在着力打造的现代化产业体系，使得我国经济根基日渐稳固、行稳致远，能够从容应对各种内外部风险挑战。目前主要短板和瓶颈集中在顶级纳米芯片、尖端化学、物理新材料等领域。

日本2021年GDP总值为5万亿美元，占全球生产总值的5.4%，主导产业是高新技术产业、高端装备制造业，在汽车、机床、发动机、电子元器件、光学设备、生物医药、新能源技术等领域处于世界领先地位，产业韧性和抗风险能力较强。

德国2021年GDP总值为4.23万亿美元，占全球生产总值的4.5%，主导产业为高端制造业，汽车制造、精密机床已成为德国高端制造的象征。德国作为传统的制造强国，在基础研究与应用科学方面处于全球领先地位，产业优势明显、抗风险能力强。

英国2021年GDP总值为3.1万亿美元，占全球生产总值的3.3%，作为最早一批去工业化的国家，英国以金融业与现代工业作为主导产业，其中现代工业中的生物医药、航空、国防工业领域是国家科研投入的重点，在全球具有显著创新引领性和核心竞争力。然而，英国GDP构成中，金融占比过高，过度依赖金融，使其抗风险能力较弱，易于受国际经济形势影响。

纵观全球GDP总值排名前五国家的GDP构成，不难发现，各国主要以先进制造业和高新技术产业作为主导产业，而发展过程存在某种程度上的从工业化到金融化趋势。但过于依赖金融服务业拉动GDP增长的国家，往往没有国际经济贸易规则的主导权、话语权，只能附和其他经济强国，抗风险能力较弱。因此，保持我国制造业比重基本稳定，增强工业关键核心技术的自主可控性，打造功能完备、完全高效的现代化产业体系，同时加快布局先进制造业和高新技术产业，是我们应对国内外各种挑战的最大底气。

（4）欧洲经济复苏势头良好，但长期稳定仍面临多重考验

2021年欧洲经济增长势头良好。欧盟统计局数据显示，欧元区国家2021年国内生产总值（GDP）同比增幅达到5.2%，2022年经济开局温和，有望实现更强劲的复苏。其中，法国、意大利、西班牙、葡萄牙等国均表现出较好的复苏势头，德国2021年增速放缓，但2022年1月商业景气指数和综合采购经理人指数（PMI）均显著回升。然而，宏观政策转向预期高涨、地缘政治局势动荡、疫情持续反复，使得欧洲经济的稳定复苏面临多重考验。

前期积极财政货币政策不可持续性引发的宏观政策转向预期高涨，成为欧洲经济平稳复苏面临的第一考验。与经济强势复苏相伴，能源价格大幅上涨，通货膨胀率超预期。欧盟统计局数据显示，2022年1月欧元区通胀率持续攀升，按年率计算达5.1%，再度创下历史新高。尽管欧洲央行在2月3日的货币政策会议上决定保持货币宽松力度不变，但对于年内是否加息，欧洲央行行长拉加德表示"欧洲央行的决定将基于数据"，市场对货币政策转向的担忧明显。英国央行英格兰银行于2月3日宣布把基准利率从0.25%上调至0.5%。如何把握货币政策基调以平衡通货膨胀率和经济平稳复苏，成为欧洲经济政策制定者面临的一项重要考验。

乌克兰局势走向引发的地缘政治局势动荡风险加剧，成为欧洲经济平稳复苏面临的第二考验。2022年以来，俄乌关系加速恶化，双方在两国边境地区部署大量军事人员和装备，冲突随时可能一触即发。2022年2月10日以来，美国、日本、英国、加拿大、澳大利亚、新西兰等多国相继敦促公民立即撤离乌克兰，2月11日，中国官方提醒旅乌中国公民加强疫情防护并密切关注当地局势。俄乌冲突或将成为欧洲经济最大的"黑天鹅"。一旦俄乌爆发大规模冲突，势必会威胁欧洲乃至全球的能源供给和金融市场稳定，引发阶段性风险偏好回落、全球资产价格回调、避险资产价格上行，"欧洲经济将遭受重大打击"。事实上，2021年以来俄罗斯与乌克兰关系的不断恶化，已在一定程度上引发了欧洲天然气价格的大涨和国际原油市场的震荡。VIX恐慌指数从2022年1月3日的16.51飙升至2022年2月12日的27.37，避险情绪引发全球股市回调和黄金、石油价格上涨。2022年1月3日至2月12日，俄罗斯RTS指数下跌10.43%，NYMEX原油价格从76.06美元/桶上涨至92.04美元/桶，涨幅为21.01%，COMEX黄金价格从1801.30美元/盎司上行至1862.8美元/盎司，涨幅为3.41%。

"群体免疫"理论下疫情防控懈怠可能导致的疫情持续反复，这是欧洲经济平稳复苏的第三考验。根据世界卫生组织（WHO）欧洲办事处负责人HansKluge的观点，新冠变异病毒奥密克戎（Omicron）预计在2022年3月前感染60%的欧洲人，"一旦目前席卷整个欧洲的Omicron疫情消退，那么在相当长的几周甚至几个月内，因为99.9%的人不是接种过疫苗就是已经感染并且康复，那么欧洲甚至全球各地区的新冠免疫力将达到最高程度"。很多人将此解读为欧洲即将进入"群体免疫"阶段。然而，世卫组织负责人Tedros

博士指出，"自从首次发现 Omicron 变种以来，联合国已经累计收到确诊报告超过 8000 万例，较 2020 年全年的累计确诊数还要多"，因此认为"Omicron 变种将是最后的变种，世界已处于新冠疫情的终结阶段"，是非常危险的。事实上，随着欧洲新冠确诊人数、住院人数、死亡人数的企稳，民众呈现出防疫疲惫状态，希望获得更大自由，从丹麦、英国，到瑞士，各国政府都在纷纷取消防疫限制。如果过度相信"群体免疫"理论，而不进行小心谨慎而持续的防控，那么新型变异病毒随时可能给人类出人意料的重击，最终必然危及欧洲经济的平稳复苏。

（5）新兴经济体复苏更具弹性

在美联储加息预期下，新兴市场货币贬值压力下降，资本外流压力有所下降，加之主要新兴经济体本身外债负担也基本处于合理可控区间，具有较好抵御外部风险的能力，且随着全球疫情有效防控带来的供应链修复和全球需求改善，新兴经济体的经济复苏更具弹性。

印度经济复苏势头良好，财政货币政策决定复苏走向。2021 年，印度经济展现出较好的复苏势头，但能否保持良好复苏态势取决于未来财政货币政策的有效性和疫情防控的进展。印度分析机构（India Ratings and Research）表示，印度 2021/2022 财政年度（2021

年4月至2022年3月）经济状况略好于疫情前水平，2022/2023财政年度国内生产总值预计将同比增长7.6%。世界银行发布的《世界经济展望》预计2021年印度GDP同比增长8.3%。印度财政部预期2022/2023财年经济增长为8%—8.5%，印度央行预期2022/2023财年的经济增长为7.8%。印度企业对经济前景普遍乐观，市场预期良好。然而，高居不下的通货膨胀率在一定程度上削弱了印度家庭支出能力，私人投资与消费需求低迷，对经济复苏形成制约。2021年7—9月印度经济规模已恢复至2019年同期水平，但复苏情况并不均衡，中小微企业的复苏极不理想。财政政策方面，以财政强刺激力保经济增长的做法不适宜当下的印度，也不具有可持续性。2021/2022财年，印度政府将财政预算重点放在医疗保健、基础设施建设等领域，但由于财政支持有限，政策效果不显著。印度预算案对社会公众预期和未来经济走向具有重要影响，能否拿出务实、可行、可持续的预算方案，成为决定印度能否保持良好复苏势头的关键。2022年2月1日，印度财政部提出下一财年预算草案，旨在促进经济长期增长，措施包括总借款额14.95万亿卢比，远超市场预期，公共资本支出7.5万亿卢比，较上一财年增长35.4%，也超出了市场预期。货币政策方面，印度央行一直在试图平衡经济增长和通货膨胀。

然而2022年2月10日，印度央行宣布维持4%的基准利率不变，维持3.35%的逆回购利率不变，维持宽松货币政策立场不变。印度央行显然视稳增长目标优于通货膨胀控制目标，但这一调控超出了市场对货币政策将由宽松转为中立的预期。印度央行维持宽松货币政策立场不变的初衷，是基于对经济复苏的担心。事实上，印度2022年1月居民信心指数显示，印度居民对未来一年的经济状况、物价水平、收入情况、支出状况、就业情况均非常不乐观，消费信心由2021年11月的109.6恶化至2022年1月的103.0。财政货币政策的协调配合，在一定程度上也是印度经济能否保持复苏的重要因素。

巴西经济下行压力巨大。2021年巴西经济实现了稳步复苏，工业产值增长3.9%，对外贸易表现亮眼，对外贸易总额和贸易顺差均创历史新高，同比分别增长35.8%和21.1%，对华贸易实现跨越式增长，对美国、东南亚国家与欧洲的出口显著增长。然而，高度依赖大宗商品出口的巴西经济，实际上在面对疫情反复、有效需求收缩、全球复苏不确定性等方面的应对能力和韧性不足，经济发展存在较大隐患。巴西经济部预计巴西2022年外贸将同比下降2.1%；巴西央行将经济增长预期下调至0.36%，这与此前联合国预测值0.5%较为接近。与高速增长相伴的是惊人的高通胀率，达到 10.06%；基准利率年内已上调至 9.25%；失业率居高不下。在选举年的政治不确定性、新冠肺炎疫情的反复、全球经济复苏的迟滞、大宗商品货物贸易的不确定性等多重因素交织下，高通胀、高利率与低增长或将长期并存，巴西经济 2022 年或将再次出现衰退。为促进经济开放，巴西联邦参议院 2021 年年底通过新外汇法案，内容包括允许在新经济领域开设外币账户、允许巴西民众进行金额不超过 500 美元的外币交易、提高游客在国际旅行中携带的外币限额等。该草案预期将有助于增强本国企业竞争力，吸引更多外资，提高应对通货膨胀的能力，降低金融交易税等，同时也有助于外汇交易创新，满足 OECD 对贸易自由化的要求，从而为巴西加入 OECD 奠定基础。巴西工业产值增速主要由于较低的对比基数，即工业产值 2019 年同比下降 1.1%，2020 年再次下降 4.5%。事实上，巴西工业产值在疫情前已陷入困境，在疫情之前的十年中，有 6 年间呈下降趋势。巴西工业产值下降的原因，一是原材料短缺引发的价格上涨，根据生产者价格指数（IPP），2021 年工业行业使用的商品通胀率累计高达 28.39%；二是高通货膨胀率导致的劳动者实际收入下降。

俄罗斯复苏之路困难重重。俄罗斯经济发展部 2022 年年初发布的经济发展报告显示，2021 年俄罗斯国内生产总值预计增长4.6%，较2019年增长1.8%。2021年第四季度整体保持高增长，增速为4.8%，其中10月为4.9%，11月为5.3%，12月为4.3%。制造业、消费品工业是俄罗斯经济复苏过程中的主导产业。2018年8月至2021年8月，俄罗斯法人实体总数减少22%，从390万人减少到303万人，外资企业数量减少40%，从4.71万家减少到2.84万家。2021年1—8月，俄罗斯资本外流升至510亿美元，趋势明显加快。根据IMF预测，2022年俄罗斯经济同比增长2.8%，2023年同比增长2.1%。随着世界各国相继承诺和实施碳达峰碳中和行动，各国传统能源出口承压，俄罗斯能源出口或将持续下降。出口收入下降预期、地缘政治紧张局势、美国对俄制裁措施、"欧佩克+"放松石油限产措施、新冠疫苗接种率低下、丧失在全球能源领域领导地位的潜在风险等诸多因素叠加，俄罗斯经济复苏之路困难重重。由于抑制全球通胀、维护商品价格稳定、紧缩性财政政策相继失效，俄罗斯经济或将深陷低速增长困局，甚至存在"硬着陆"风险，其在全球经济中的份额预期还将持续下降。

南非经济短期复苏可期，中长期复苏承压。国际货币基金组织（IMF）预测南非在2020年增长率收缩6.4%之后，2021年将反弹至4.6%，2022年增长率为1.9%，中期内将放缓至1.4%。作为非洲工业化程度最高的经济体，南非 2021 年国内生产总值（GDP）实现较快增长，第一、第二季度的 GDP 连续保持增长，第三季度受疫情封城、大规模骚乱影响而收缩 1.5%，第四季度出现好转。南非经济复苏面临失业率恶化风险，统计局 2021 年 11 月底公布的当年第三季度最新劳动力季度调查显示失业率为 34.9%，根据普华永道发布的《2022 年南非经济展望》，南非总失业率和青年失业率均位居全球首位。南非财政状况同样不容乐观，财政赤字在 2020 年飙升至国内生产总值的 9.7%，在 2021 年预计将下降到 8.4%，而公共债务在 2021 年将达到国内生产总值的近 70%。此外，银行对私营部门贷款疲软、私人投资匮乏、国有企业经营与财务状况恶化、社会不平等问题突出、宏观政策不确定性、电力供应不稳定、疫苗接种率低（截至 2021 年年底，只有约 40% 的成年人接种疫苗）等问题交织，南非宏观经济基本面较弱，短期复苏可期但中长期复苏态势不明朗。

（6）亚太区域经济合作新格局加速构建

亚太地区经济韧性好、动力强，率先在疫情冲击中复苏，正加速构建开放型经济合作新格局。2021 年是中国加入亚太经济合作组织 30 周年，中国一直在积极融入和主动推进亚太区域合作，推动构建互信、包容、合作、共赢的亚太伙伴关系。为加速构建一体化大市场，2020年11月，东盟十国与中国、日本、韩国、澳大利亚、新西兰共15个亚太国家正式签署《区域全面经济伙伴关系协定》（RCEP），标志着当前世界上人口最多、经贸规模最大、最具发展潜力的自由贸易区正式建立，2021年3月中国率先完成RCEP核准。中国率先从疫情危机中走出，率先恢复经济，并通过疫苗与抗疫物资供应、维护产业链供应链安全稳定等方式积极支持和有力推动亚太区域经济复苏和发展。

越南成为东南亚最闪亮的制造业热土。越南是目前世界上增长最快的经济体之一，2018—2019年连续两年突破7%，2019年首次超过印度成为亚洲增长最快的经济体。越南近十年来经济的快速腾飞，源自其积极而长远的产业战略布局，包括承接全球制造业转移，引进外资和发展外向型经济，主动融入东盟、WTO、CPTPP、RCEP国际秩序等。承接制造业转移方面，由于越南劳动力成本优势突出、人口结构年轻化、地理位置适宜发展外向型经济、政局稳定且不存在种族与宗教信仰问题等，越来越多的制造业企业从中国转移至越南，例如2012年阿迪达斯撤离中国，将工厂从苏州迁往越南；2018年三星关闭深圳工厂，迁往越南；2019年耐克撤离中国，将工厂从太仓迁往越南；2020年日本服装巨头优衣库，将工厂迁往越南。除外资企业外，我国一些民族企业也选择将工厂建在越南。

越南承接制造业转移的主要优势是劳动力成本低，但也存在短板和不足，例如资源能源价格贵，产业配套不完善，劳动效率不高等。但这些不利因素并不妨碍越南成为全球投资的热土。除传统制造业外，越南高度重视电子信息产业，有意成为全球电子产业的新制造中心。例如英特尔2018—2021年累计在越投资15亿美元，计划将其全球80%的芯片产能投放于越南，目前奥林巴斯、微软诺基亚、佳能、LG、富士康、索尼等跨国巨头均已在越南设厂，英特尔越南工厂承担大部分消费机处理器封装测试，高通在越南设立研发中心，仁宝、英业达、纬创及和硕等几乎所有台系笔记本电脑、主板生产厂商都在往越南搬迁；面板制造商三星、LG和富士康也在越南扩大产能。三星在越南打造包括研发中心、手机、电视、空调、电冰箱、洗衣机、贴片电容等在内的全产业链体系；苹果部分MacBook、iPad、AirPods已在越南制造。法国《时报》刊登文章将越南称为"世界的新工厂"，《越南新闻》援引英国媒体报道指出，越南已成为东南亚工业制造中心，是中国产业价值链转移的最大受益者。越南外向型经济发展势头迅猛，出口商品中工业品比重持续提升，计算机、电子产品、电话及零配件、机械设备、工具及配件、纺织品等产品成为出口主力产品。

（二）2022年工业增速预测

为了将工业增长的长期趋势因素与周期（和不规则）因素进行分离，获得对不可观测的潜在因素的估计，对于单一时间序列的原始数据，或运用滑动平均方法，或运用频域估计方法，其中滤波方法有其独特的优点，即简单直观，并很容易实施，也可以避免生产函数法所带来的经济转型时期生产函数是否稳定的问题，以及多变量结构化分解法所带来的中国通常形式的菲利普斯曲线是否存在的问题。因此本部分选择工业增加值同比增速数据作为工业增长的观测指标，采用HP和BP滤波方法对工业增速趋势预测。资料来源于国家统计局网站，数据区间为2000年1月至2021年12月。工业增加值同比增速有以下特点：（1）该指标是按可比价计算得来，不受价格因素影响，不需要价格调整；（2）月度数据会随季节变动，需要使用X12进行趋势调整。

1. HP滤波分离工业增长趋势成分和波动成分

HP滤波消除趋势法可以将经济运行看作潜在增长和短期波动的某种组合，运用计量技术将实际产出序列分解为趋势成分和周期成分，其中趋势成分便是潜在产出,周期成分为产出缺口或波动。对于工业运行增速来讲,其时间序列 y_t 由工业运行趋势部分 g_t 和工业运行波动部分 c_t 构成,即

$$y_t = g_t + c_t \qquad t = 1, \cdots, T \qquad (1)$$

Hodrick and Prescott(1980,1997)利用对数的数据移动平均方法原理,设计了 HP 滤波器。该滤波器可以从时间序列 y_t 中得到一个平滑的序列 g_t,即趋势部分,且 g_t 是下述问题的解,即

$$\text{Min}\left\{\sum_{t=1}^{T}(y_t - g_t)^2 + \lambda \sum_{t=1}^{T}\left[(g_t - g_{t-1})(g_t - g_{t-2})\right]\right\}$$

(2)

其中 $\sum_{t=1}^{T}(y_t - g_t)^2$ 是波动部分,$\sum_{t=1}^{T}[(g_t - g_{t-1})(g_t - g_{t-2})]$ 是趋势部分,λ 是平滑参数,用于调节两部分的比重,其值为正。平滑参数 λ 的选取是 HP 滤波法最重要的问题。不同的平滑参数值即为不同的滤波器,并由此决定了不同的波动方式和平滑度,根据现有研究,在处理年度数据时,其取值为100,当处理季度数据时,其取值为1600,在处理月度数据时,其取值为14400;根据现有研究,平滑参数值应该是观测数据频率的4次方,即年度数据应取6.25,季度数据应取1600,月度数据应取129600。本报告主要使用的数据是2000年1月到2021年12月的工业增加值增长率,资料来源于国家统计局网站和

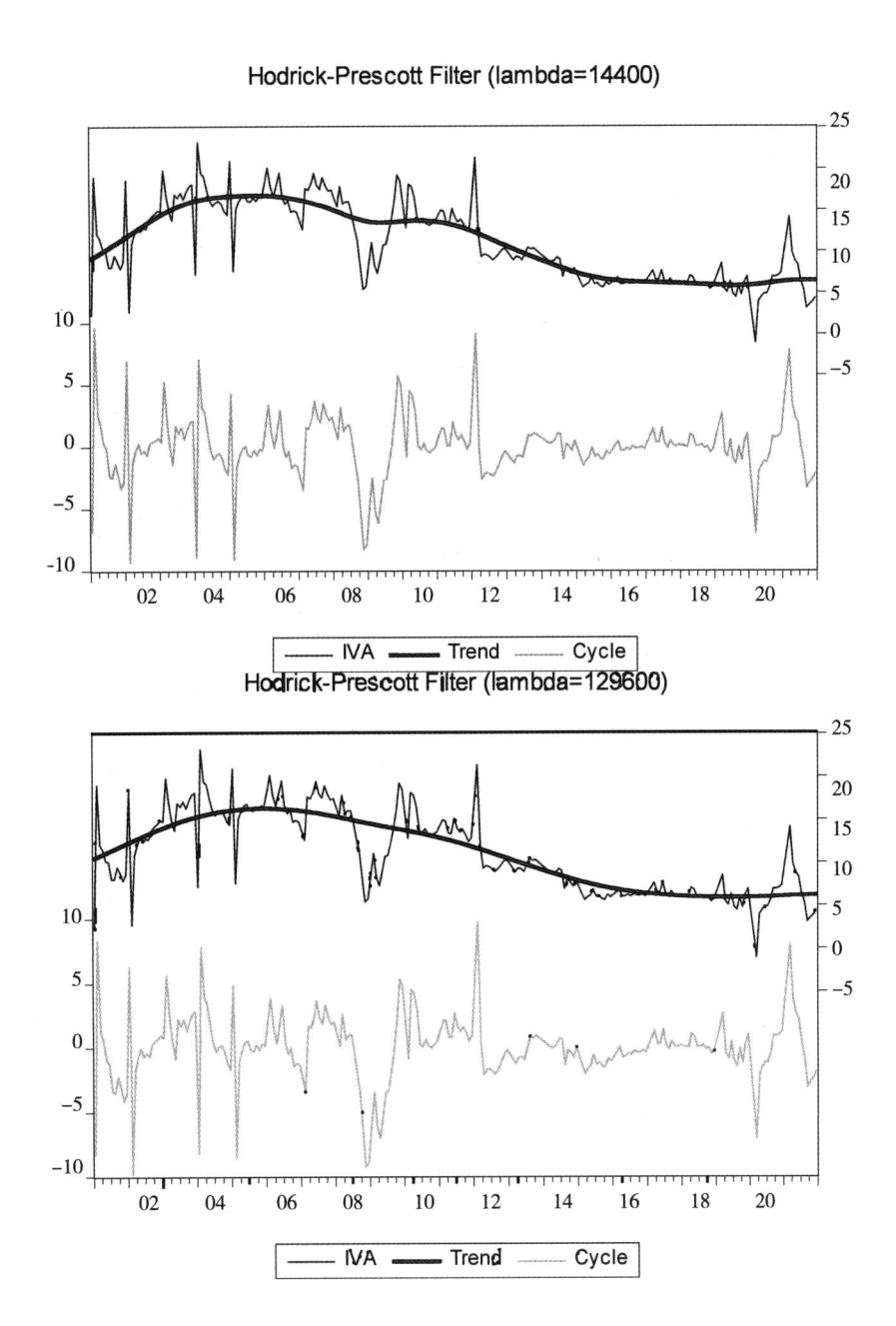

图 3-5 不同滤波器下的滤波结果

数据来源：Eviews 10.0 输出结果。

Wind 终端。需要说明的是，国家统计局网站所缺失的每年1月份工业增加值增长率数据，本节利用点处线性插值法进行补充（即使用 stata 里面 ipolate 命令）。选取以上两种滤波器，即 $\lambda = 14400$ 和 $\lambda = 129600$。

在对数据进行季节性调整之后，应用平滑参数 $\lambda =14400$ 和 $\lambda = 129600$ 两种 HP 滤波器（以下简称滤波器1和滤波器2）对我国工业增加值增长率的自然对数进行滤波，得到其中的趋势成分和波动成分。由图3-7可以看出，两个滤波器所得到的趋势序列和波动序列并无显著差异，且两趋势序列无差异和两波动序列无差异都通过了95%置信水平的 t 检验。从趋势序列的走势可以直观看出，2010年后，我国工业运行潜在增长率的下降趋势明显。

2. BP 滤波建立工业增长时间趋势模型和周期波动模型

建立工业增长时间趋势序列与时间 t 的趋势多项式函数如下：

$$\hat{speed} = a_0 + a_1 t + a_2 t^2 + a_3 t^3 + \cdots + a_n t^n \quad n = 1,2,3\cdots \tag{3}$$

将2000年1月设为 $t = 1$，将 t 与工业增长率带入以上函数得到工业增长时间趋势函数如表3-1所示。综合考虑拟合优度和 DW 值，本报告选择模型3作为工业增长率的拟合方程式。

表 3-1　　　　　　　　　多项式回归结果

	截距项	t	t^2	t^3	R^2	DW
模型 1	16.8670***	-0.0463***			0.4867	0.6525
模型 2	14.3760***	0.01254***	-0.0002***		0.5387	0.7255
模型 3	9.3700***	0.2477***	-0.0026***	6.11E-06***	0.6851	1.0606

注：*** 表示 1% 的显著性水平。

工业增长率在时间上存在一种惯性，时间的一阶分量对工业增速的影响显著，可认为我国工业运行的潜在增长趋势大致在 2019 年触底，于 2020 年出现回暖，2021 年出现强劲复苏（见图 3-6）。

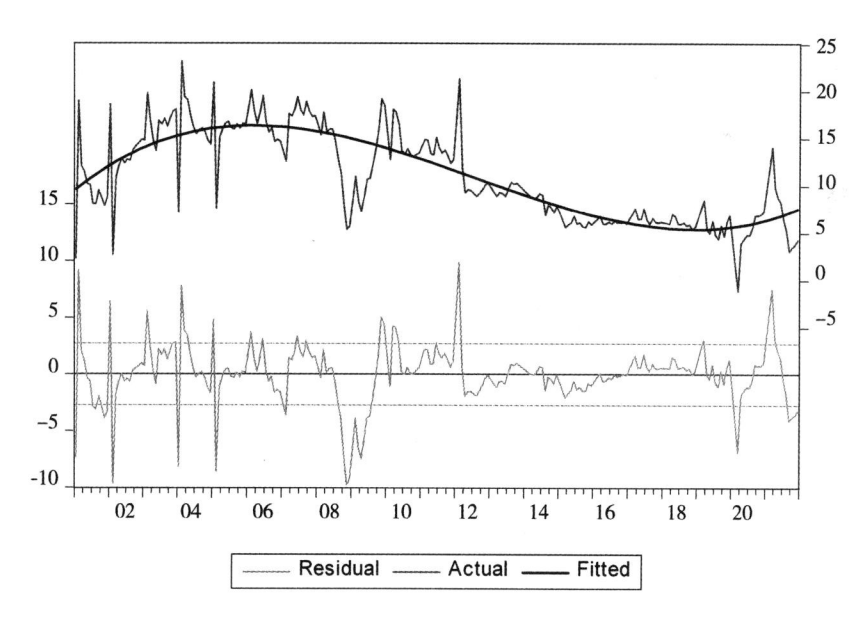

图 3-6　原值与多项式拟合结果

决定近似理想 BP 滤波优劣的关键是选取合适的截断点 N。如果 N 值过大，那么序列两端的数据就会有

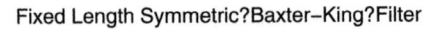

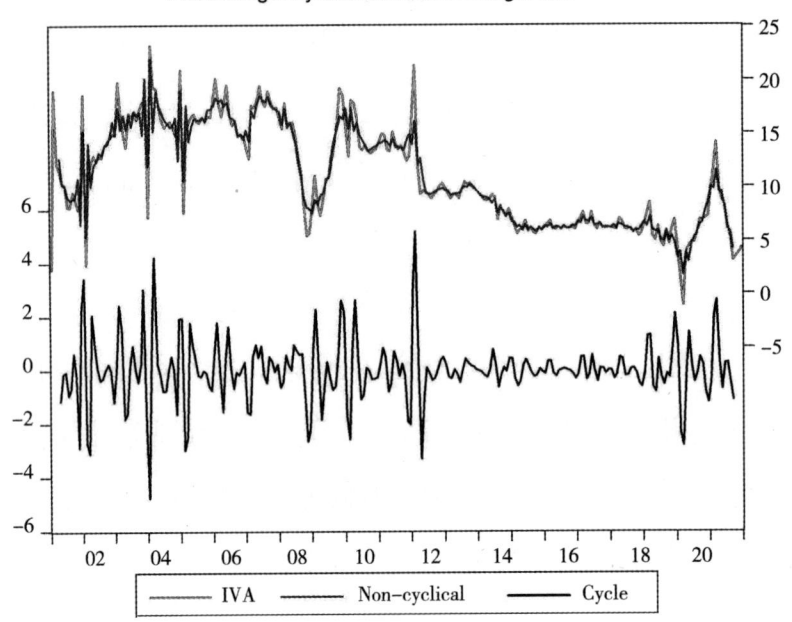

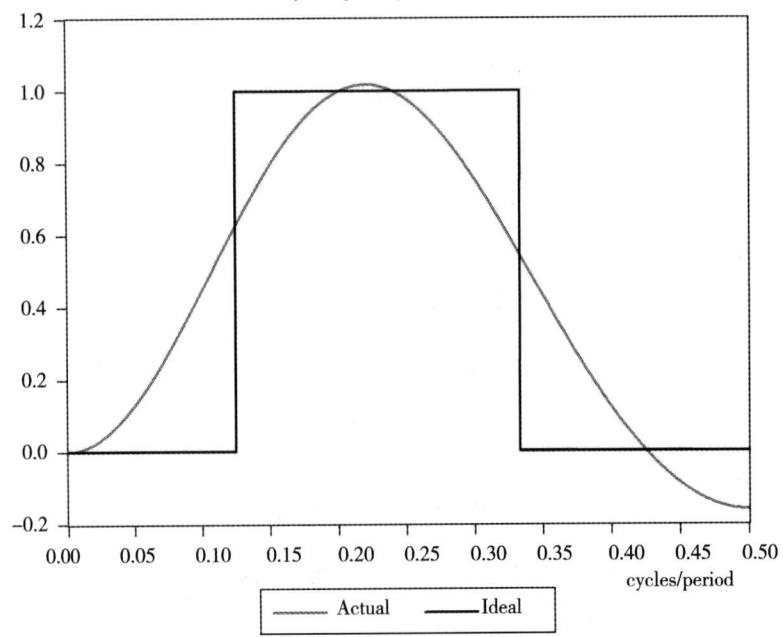

图 3-7　BP 滤波的频率响应函数

数据来源：Eviews 10.0 输出结果。

大量的缺失，如果 N 值过小，就会过多剔除本应保留的成分。根据不出现频谱泄露和摆动的原则，选择最低周期是 3，最高周期是 8，截断点为 3。结合我国工业运行增速可以得到频率响应函数图如图 3－7 所示。

一次完整的周期波动可以从一个波峰到另一个波峰。可以看出，我国工业经济增长率存在明显的周期波动，且连续负波动比连续正波动持续的时间要长，在 2008 年和 2009 年、2011 年和 2012 年、2019 年和 2020 年交替年阶段波动幅度较大。

3. 中国工业运行趋势

根据以上时间趋势模型预测中国 2022 年 1—12 月的工业运行同比增速如表 3－2 所示。

表 3－2　　　　　　　工业同比增速预测值　　　　　　单位：%

时间	工业增速预测值
2022－01	7.6676
2022－02	7.7997
2022－03	7.9359
2022－04	8.0764
2022－05	8.2212
2022－06	8.3703
2022－07	8.5238
2022－08	8.6817

续表

时间	工业增速预测值
2022-09	8.8439
2022-10	9.0107
2022-11	9.1820
2022-12	9.3577
平均	8.4726

数据来源：根据模型结果整理。

展望2022年，我们认为虽然经济下行压力加大、稳增长任务艰巨，但只要疫情防控得当，财政金融政策调整到位，产业政策有效推进，中国工业增加值同比增速仍有望保持8.5%左右，但也须做好需求收缩、供给冲击和预期转弱等多种因素叠加可能带来的工业增加值同比增速下滑的准备。

四　推动工业稳中求进的政策建议

新冠肺炎疫情叠加内外部环境不确定性，2022年中国工业经济仍面临较大下行压力。因此，今后一段时间，中国工业经济发展需要平衡短期应对与中长期发展：一方面要短期应对散点多发疫情对工业经济的冲击，通过扩需求特别是扩内需，努力实现工业经济平稳增长；另一方面要继续深化供给侧结构性改革，推动工业经济高质量发展。

（一）细化落实各项政策，保持工业经济稳步增长

坚持扩大内需战略基点，加快培育完整内需体系，推动经济平稳运行。扩大内需不仅是应对新冠肺炎疫情冲击、恢复工业经济增长的有效举措，而且是保持我国经济长期平稳健康发展的战略部署。一是稳定有效投资。进一步扩大对5G网络、数据中心等新型基础

设施投资，加强新型城镇化建设，加强交通、水利等重大工程建设，提高投资的精准性和有效性。进一步调动社会资本的配资热情，提高基建投资使用效率。增强投资增长后劲。加强重点项目资金保障，推进重大基础设施建设项目落地进度。扩大制造业设备更新和技术改造投资，推动产业转型升级，增强未来实体经济增长潜力。二是全力推动消费提升。稳定和扩大居民消费，促进消费回补和潜力释放，推进线上线下深度融合，促进消费新业态、新模式、新场景的普及应用，增强消费对经济发展的基础性作用。三是紧抓国际疫后恢复机遇，鼓励企业拓展国际市场，支持适销对路出口产品开拓国内市场，打通国内国际两个市场两种资源，实现国内国际双循环相互促进。四是坚持系统观念，进一步贯通生产、分配、流通、消费各环节，形成需求牵引供给、供给创造需求的更高水平动态平衡，提升国民经济体系整体效能。

加大金融对实体经济支持力度。全面支持实体经济特别是制造业融资，不仅可以达到"稳投资"的短期目的，更有助于"提升产业竞争力"长期目标的实现。一是提高结构性政策精准性和直达性。继续落实好对制造业、中小微企业等实体经济的支持政策，在实体经济恢复发展中的薄弱环节进行精准扶持。聚焦重点领域，引导金融机构加大对制造业尤其是高新技术产业等重点领域的支持力度，强化资金直达机制和监控机制，提升资金使用效率。二是提高金融服务实体经济的可持续性。加强普惠金融服务，成立中小微企业信保基金，加大对中小微企业的支持力度。完善信用体系建设，进一步压低银行风险溢价，努力拓展民营企业多元化融资渠道，引导和鼓励金融机构创新金融产品，降低实体经济金融服务成本。

分类指导，精准帮扶企业纾困。一是进一步健全完善中小企业社会化服务体系。科学规划，多层次、多渠道建立完善中小企业服务体系，实现服务职能由上至下、由点至面的覆盖，为政策落地提供必要保障和有力支撑。二是落地落实各项惠企政策措施，提高政策和资金的指向性、精准性、有效性，切实减轻企业负担，激发市场主体特别是中小微企业活力。三是培育中小企业生存和发展的内生活力和动力。引导中小企业专注于细分领域，走"专精特新"的发展道路。依托"中国制造2025""互联网+"，提高企业研发、生产、管理和服务的智能化水平，推动中小企业转型升级。

（二）深化供给侧结构性改革，推动工业经济高质量发展

2022年中国工业经济在求"稳"的同时，需要适

时适度地以求"进"解决中国工业的结构性问题,实现工业经济高质量发展。一是依托"中国制造2025""互联网+"推动传统产业转型升级。引导传统产业智能化发展,提高企业研发、生产、管理和服务的智能化水平。推动传统产业由生产型制造向服务型制造转变,促进制造业服务化转型。支持和鼓励传统产业企业利用互联网技术实现商业模式和管理方式创新,提高企业盈利能力。激励企业加大技术改造投资和研发投入,推动企业劳动生产率持续增长,提高竞争力,实现产业转型升级。二是集中突破"卡脖子"关键技术,有序推进新兴产业发展。发挥举国体制优势,集中攻克、全面突破一批短期内受制于人的关键技术。加快构建以企业为主体的产、学、研、用机制,强化基础研究,提前布局,抢占科技制高点,破除制约产业进一步发展壮大的关键基础材料、核心基础零部件(元器件)以及先进基础工艺瓶颈。加强科技研发与市场需求的紧密结合,优化战略性新兴产业空间布局,推动战略性新兴产业高水平产业集群发展,促进战略性新兴产业技术和产品的推广应用。三是建立防范机制,规避低水平重复建设。进一步加强规划布局,完善配套措施,同时建立防范机制,引导地方加强对重大项目建设的风险认识,按照"谁支持、谁负责"原则,对造成重大损失或引起重大风险的予以通报问责。

（三）完善工业发展环境，助力工业经济速度与质量并进

面对当前外部环境不确定、不稳定因素不断增加的挑战，优化营商环境已经成为激发市场主体活力以及实现经济稳定增长的重要抓手。一是营造公平、公正、透明、稳定的法治环境。保障契约执行，严格保护投资者等各类市场主体的合法权益，严格保护知识产权，严格保护消费者权益，积极推进破产体系建设。坚持依法行政，进一步规范执法行为，完善执法体系。确保各类企业（不同所有制、不同规模、不同区域）平等享有法律保护，公平参与市场竞争，依法平等使用生产要素，平等承担社会责任。二是推进建设更高水平开放型经济新体制，实施更大范围、更宽领域、更深层次的全面开放。借鉴上海自贸区经验、参考世界贸易组织《贸易便利化协定》，设定与全球贸易投资接轨的高标准规则。加快引入国际通行的行业规范、管理标准和营商规则。深入推进"放管服"改革，进一步放开市场准入，推动实施市场准入负面清单制度，推动落实"非禁即入"，有效扩大民间投资。三是加快建立各类市场主体和各级政府官员"激励与约束相容"的体制机制，充分调动民营企业、国有企业、外

资企业、地方政府的投资和发展积极性。四是整合共享政务信息系统，加快国家数据共享交换平台建设，扩大数据共享范围，提升审批服务效率，营造更加便利的政务环境。五是保持宏观政策连续性稳定性、增强有效性，稳定市场预期。防止对环保、低碳等领域的调控采取运动式、一刀切的做法。统筹有序做好碳达峰、碳中和工作，坚持全国一盘棋，既要纠正运动式"减碳"，先立后破，也要坚决遏制"两高"项目盲目发展。持续推进电价市场化改革，用市场化手段来缓解煤电之间的矛盾。

参考文献

江飞涛：《应高度重视传统制造业的高质量发展》，《中国经贸导刊》2020年第14期。

刘勇：《新时代传统产业转型升级：动力、路径与政策》，《学习与探索》2018年第11期。

史丹等：《"十四五"时期我国工业的重要作用、战略任务与重点领域》，《经济日报》2020年7月13日。